新版

今を生きる

服部仁郎氏と生長の家

中島省治 編著

光明思想社

新版発行に序して

今ここに「主婦之友」誌昭和十年五月号がある。と言って、中身は、五月号の目次と「奇蹟的な精神療法の真相を探る」本誌記事一四頁である。東京在住の某氏が国会図書館に出向き、ご苦心のあと〝表紙〟も昔のカラーのまま、綴《と》じて再現された貴重な小冊子である。

この内容については、生長の家八十八年の歴史で伝説的な服部仁郎《はっとりにろう》氏の不滅の実証として第一級の資料で、小子も幾十回となく見、聞きした。今その、八十三年前に出回った記事そのままを見、九枚の写真（難病全治者と谷口雅春尊師、お山での誌友会）や、有名な「レンズを中央にした〝念の具象化〟の説明図」などを前に、何とも言えない感動に包まれた。

本記事の内容は本書に収録されている通りだが、今回、原文を通読して、本誌記者（べテランの男性と推測）の職業意識を超えた（超えざるを得ない〝バイブルの奇蹟〟に通ずる眼の前の実証）今はやりの言葉＝超常現象に接し、心底から服部仁郎氏の霊感第一＝生長の家の神秘に魅《ひ》きつけられ、最後には記事中の写真にある原宿の谷口雅春先生の自宅（通称〝お山〟と呼ばれていた）まで乗り込み、尊師に痛烈な質疑を放ち、真相を究めようと努めた取材態度に、かつての同業者として、心から共感した。

そして谷口雅春先生より一々それに簡単な解答を受け、「何ら遅疑《ちぎ》することなく、言々《げんげん》句々《くく》、信念より迸《ほとばし》り出る、力強い断定であった」として、その要点を約二頁にわたり、明快、公正に紹介する。服部仁郎氏を訪ねての立証記から、生長の家創始者との直々の問答に到り、教えの根本義まで述べ、「最後に注目すべきは」として、「生長の家の将来は、誠に注目に値する」とまで極言している。

主婦之友記者の〝神秘な治病のもと〟に迫る実に誠実な探求心、さらには「主婦之友」読者の幸福のためという真理解明の職業意識とが両々《りょうりょう》相《あい》まって濃縮された本特別記事は、予想を超える反響を呼び、お山下の本部前には、光明図書を求める人が列を作った。

その根源は、服部氏が瀕死の病床でふれた招神歌《かみよびうた》第二首を一〇〇パーセント素直に信じ、この身は〝天地《あめつち》を貫《つらぬ》き流れる神の生命《いのち》〟そのままに立ち上がった一瞬の悟りに在《あ》る。

ここまで書いて私は、畏友《いゆう》榎本恵吾《えのもとけいご》氏の労作『弟子像』（自費出版、非売品）を思い出し、手にした。五〇〇頁を超える大著であるが、「私の中の……」として六氏＝服部仁郎、山《やま》口悌治《ぐちやすはる》、吉田國太郎《よしだくにたろう》、小島博《こじまひろし》、徳久克己《とくひさかつみ》、藤原敏之《ふじわらとしゆき》の弟子像が記されている。最初の服部像はちょうど一〇〇頁（メモも含む）で、学生の榎本氏が昭和三十八年に服部宅訪問、初対面以来の数々の指導、エピソードなど、実に丹念詳密に、尊師の高弟の全相（と念じて）真に迫って書かれている。私もはじめて知ることが多々、貴重な評伝であろう。

脳裏に浮かぶままに記した。本書は、小子が昭和三十年代後半、大きな録音機を持ってかの有名な東京豊島の服部邸を訪ね、取材しまとめたものである。取材後、氏自慢のすき焼きをいただき、自らは奈良漬二切れで真っ赤の氏が、お銚子を出されたのには恐縮した。

この記事は、その後発表の機会なきままに、服部氏帰幽《きゆう》の二年後に刊行されたが、重版の度《たび》に、当時本部個人指導部に在職中の夫人が、印税のお礼にとて社員にお茶菓子を持参された。後に夫人が逗子《ずし》の娘さん宅で加療中、見舞いに伺い、公私にわたってお話をした。

今や服部仁郎先生に直《じか》にふれた人もマレになった。今回、新たな写真等も加わり、また、「〝人間生き通し〟の実証――序にかえて」も実際の筆者名に改め、新版として光明思想社から刊行される運びとなった。本書を味読、教えの神髄に迫られんことを切に望む次第である。合掌

平成三十年三月吉日

前日本教文社社長　中島省治

新版　今を生きる　目次

新版発行に序して
〝人間生き通し〟の実証――序にかえて
服部先生の思い出――序にかえて　堀　静
第一篇　奇蹟の人　1
第二篇　霊感の講演　19
第三篇　生いたちから廻心《えしん》まで　71
第四篇　神癒の足跡　127
第五篇　〝光を伝えよう〟　155

・カバー表は服部仁郎作の神像／カバー裏は服部仁郎作の不動尊像／扉写真はありし日の服部仁郎氏

〝人間生き通し〟の実証――序にかえて

服部仁郎《はっとりにろう》氏は四国の徳島に生れ、若くして東京に遊学、苦学力行《くがくりっこう》の努力と研鑽《けんさん》が実を結んで、彫刻界で帝展(現在の日展)特選、無鑑査の栄位につかれたのである。たまたま昭和八年秋の帝展出品制作中に病《やまい》を得《え》、これが機縁となって生長の家の教えに触れ、文字通り起死回生され、以来三十余年の毎日毎時が精進で、信仰一筋の日常生活を生きかつ行じておられた。そして本書にくわしく書かれているように、特に霊感にすぐれ、たくさんの有名無名の人々に、無数の奇蹟をあらわして来られたのである。服部氏の一生は、生長の家大神の証しの足跡であったと言っても過言ではない。

服部氏の指導を受けて救われた人々のうち、本文中に書かれていないもので〝有名〟な方の一、二の例をあげると、まず鳩山一郎元首相がある。戦後、吉田首相のあと総理として時局の難関を処理され、国民の間にブームをまきおこした鳩山一郎氏がかつて高血圧に倒れて伊豆韮山《にらやま》に療養中、服部氏がたびたび指導に行かれたことがあった。鳩山氏は当時もはや再起して政界に返り咲くことは不可能と思っておられたが、服部氏は、「肉体労働をするんじゃないでしょう。頭が狂っていますか？　頭さえしっかりしているなら、政界へ復帰しなさい」とすすめられた。生長の家総裁谷口雅春先生直接の文書による御指導もあって鳩山氏は、「もう一度人類のお役に立つなら、この体のままでもお役に立ちたい、生命は神から与えられたものであって、神が返却せよといわれるまでは、病気から横取りされることはない」との大信念をもって立ち上り、やがて総理となられた。そして日ソ交渉のため病躯《びょうく》を押してソ連まで飛び、遂に日ソ国交回復の成果をあげ、これはやがて日本の国連加盟への道をひらいたのである。また保守合同を成し遂げて政局安定への道をひらかれた功績も大きい。服部氏は常にこの鳩山家の相談に当られて絆は堅く、鳩山一郎氏の最後の訣別《けつべつ》にまで立会い、その自民党葬の中でも生長の家の聖歌「久遠いのちの歌」が奏せられたのであった。

また、大磯《おおいそ》にあった三井家の総本家の「城山荘」に毎月出向いて先代主人高棟《たかみね》氏に法話の指導をされたり、そのほか有名な病院長や、財界・法曹界の重鎮《じゅうちん》などにもたくさんの信奉者があって、大きな救いをもたらしておられたのである。

その服部氏も、晩年を神奈川県茅《ち》ケ崎《さき》の地で静かに送られ、昭和四十一年七月二十五日、遂に七十二年の現象生活に終止符をうたれた。

谷口輝子先生は、昭和四十一年十月号の『白鳩』誌に、「巨星天に昇る」と題して服部氏追悼の御文章をお書きくださっているが、その中で次のように書かれている。

「……今から五年前、服部さんは突如、脳溢血《のういっけつ》で倒れられた。ある朝、起きようと思ったら、起きることができなくなっていることを感じられた。眠っているうちに脳溢血されたようであった。私たち夫妻は知らせを受けた幾日後だったたか、服部邸へ出かけて行った。

寝床に横たわった服部さんは、その眼に深い感謝の色を湛《たた》えて、何か小さい声で言いながら、涙が湧いて来たようであった。言語障害を起しておられたらしく、たどたどしく話されるので、聞き取りにくいところもあったが、そばで夫人が補っておられた。

その時服部さんの言葉の中に、私たちの心に響くものがあった。服部さんは、

『自分がこんなふうに不完全な体になっているのに、なお自分を信頼して病気を治してほしいと言って来る人が何人もある。それらの人に以前よりまずい字で〝実相円満〟と書いてあげると、その人たちの病気が治ってしまう。自分の病気が治らないで、他《ひと》の病気が治るということで考えさせられました。今まで、あの人もこの人も治してあげたと思っていましたが、それは自分が治していたのではなかった。神様のお力だったのでした。こんな不完全な私に、人を治せるはずはありません。神様のお力をいただいて、癒《いや》しのお手伝いをさせていただいていたのだと解りました』

という意味のことを言われた。私たち夫婦は家に帰っても、服部さんのこの言葉を思い出して話し合っていたものであった……

総裁谷口雅春先生は、同月の『生長の家』誌に、次のようにお書きくださっている。

「……服部仁郎氏が昇天せられたという報《しら》せを受けたのは悲しいことである。無論、すべての肉体人間は老いて死ぬ。これは現象人間のさだめである。仏教では『すべて生じたものは滅しなければならない』と教えている。釈尊はこの生者必滅《しょうじゃひつめつ》の動かしがたい事実の前に慟哭《どうこく》して生者必滅を超える道を求めて出家して修行せられたのであった。しかし現象は生者必滅であっても、現象の奥に肉体の奥に霊妙きわまりなき久遠不滅《くおんふめつ》の実相の自分があるということを悟られたのである。そのことを釈尊は法華経《ほけきょう》において『私は無限年間前より悟りを開いている如来《にょらい》である』といわれたのであった。……

キリスト教に於いても、『われはアブラハムの生まれぬ前《さき》よりあるものなり』とイエスは言っておられ、さらに十字架に釘づけられる直前の祈りには『此《こ》の世の創造《つく》られぬ前より神と共にわがもちたりし栄光を今御前《みまえ》に顕《あら》わしめ給《たま》え』ということばがある。『自分は宇宙創造以前から神と共在する自分である』とは何という素晴しい自覚であろうか。

服部仁郎氏の他界に連関して、私は氏の霊にこの釈尊の久遠不滅の自覚と、キリストの『自分は天地創造以前からある』という自覚を、服部仁郎氏自身の自覚であることを祈って、以上の言葉を氏の霊に贐《はなむけ》するのである。無論服部氏はその自覚を既に三十数年前に生長の家に触れられて重態の病気が治ったときから得られていたのである。

その頃を懐古《かいこ》すると、氏は帝展出品のために〝心の影〟と題する女体の像の制作中であったのであるが、肋膜炎《ろくまくえん》に肺炎を併発《へいはつ》し、胸部が腫《は》れあがって(多分肋膜に水が溜《たま》っていたのであろう)肺臓を圧迫し、呼吸困難を起して医師が手を放してしまったような状態であったのである。その時、彫刻界の友人である片岡《かたおか》環《たまき》氏が見舞に来られて『人間本来神の子・病気本来なし』の真理を服部氏に語って、生長の家の招神歌《かみよびうた》四首の書き写したものを示したのであった。服部氏は片岡環氏が帰ってから、寝ながらその招神歌を見つめているうちに、その第二首の、

わが生くるはわが力ならず天地《あめつち》を貫きて生くるみおやの生命《いのち》

という聖歌の語句の意味する真理に非常に打たれたのであった。今まで〝自分で何とか生きよう〟〝自分で何とかして治ろう〟と思っていたのだったけれども、自分の生命《いのち》は自分の生命ではないのだ、〝今此処《ここ》〟に神の生命が生きているのであって、自分がどうしなければならないということは決して無いのだ、神が生かしているのである。神の生命に病気がある筈《はず》がないのだと気がついたのであった。その瞬間本当に『病気が無い』と氏は知ったのだった。すると忽然《こつねん》!! 今まで胸に重圧感がして呼吸困難であったが、胸が軽く、呼吸がきわめて楽になっているのであった。服部氏は起き上ると、既に従前の健康体

であって、制作なかばにして病気のために中止していた〝心の影〟と題する彫刻を完成し得て、帝展に出品するのが間に合ったのであった。

服部氏は爾来《じらい》、〝今〟ということをたびたびお説きになった。それはこの自分が〝今〟〝此処《ここ》〟に神が生きていて〝今〟のほかに時はない、〝今〟そのままに〝久遠《くおん》の生命〟である悟りから来た言葉であって、〝今〟とは縦に〝生命《せいめい》の実相《じっそう》〟を見た直観の哲学であったのである。それは過去・現在・未来と序列された中の『現在』ではない。現象を超えた『無時の今』である。ここに不死の生命の実相があるのである。その後服部氏にこの〝今〟という法話を聴かされて病気の治った人々が彼方《かなた》にも此方《こなた》にも無数にあらわれて来たのだった。……

服部氏の魂に感謝し、更《さら》に霊界に於いても、多数の迷霊《めいれい》がいることであるから、これらの迷霊たちを〝今の哲学〟によって救ってあげられんことをお願いする次第である」

去る七月二十一日、鎌倉の瑞泉寺《ずいせんじ》で服部先生の三年忌の法要がいとなまれた。瑞泉寺は天下の名刹《めいさつ》であり、有名な景勝の地である。三方を山に囲まれ、前に海をひかえたこの幽《ゆう》寂《じゃく》の地は、服部先生永眠の地として、全く最適の所であると思った。蟬《せみ》しぐれのほか雑音もなく、香煙《こうえん》たちのぼる中に聖経『甘露《かんろ》の法雨《ほうう》』読経《どきょう》の声は山にこだまして、夕暮せまる七月下旬のこの日、先生の遺徳《いとく》にふさわしい荘厳な三年忌の法要であった。

本書の発刊は、ただただ多くの人を救われた服部先生の追憶のためのみではなく、また頌徳《しょうとく》のためのみでもない。漢書に「死せる孔明《こうめい》、生ける仲達《ちゅうたつ》を走らす」という話があるが、服部先生の遺作の生長の家大神の神像《しんぞう》と同型のものが、遠く海外の教化道場にも建設されている。この神像はまだ実物を見たことのない海外人のイメージにもあらわれて、信仰の深化を促す機縁となり、現代の奇蹟を生んでいるのである。本書の一行一行の間には、教えの極意《ごくい》が秘められている。行間を深く読まれれば、古い信徒には勿論、新しく読まれる方にも、教えの神髄に深く導きゆくものがあることを信ずる。本書が更に多くの人々に真理をあらわし、深い悟得《ごとく》に導く機縁となることを念願するしだいである。

総裁谷口先生の御愛念に感謝して、本書を服部先生の墓前に捧げる。

昭和四十三年八月一日

新版編著者しるす

服部先生の思い出——序にかえて——

生長の家本部長老　堀　静

服部先生の御本が出ますそうで、本当にうれしくありがたく思います。

先生の思い出はたくさんございますが、私がいちばん申しあげたいことは、先生が、谷口先生を東京へお迎えになりました当時のことでございます。これは『生長の家三十年史』には十分出ておりますが、あの服部先生の御苦労を存じあげている人はもう数少い、生存者には数少いと思いますので、ここで私は繰返し、あの当時の服部先生の困難な立場を思い、谷口先生をお迎え申しあげて今日のこの生長の家の御発展をみる基礎をつくられた方として、後進の方々に深く銘記《めいき》していただきたいと思います。

私はときどき服部先生は古武士の面影があると評したことがございます。いかにも物堅《ものがた》い、また芸術家らしくないというような評をする人もあったくらいに、あのガッチリしたお体で、本当に純真な、それこそ純愛の方、いかにも素直な御性格でいらっしゃいました。その素直さがあればこそ、最初にこのみ教えによって立ち上られました当時のこと、それこそ真理を掘りあてたかのように、無限に湧き出《い》ずるところの愛の光を受けて、またそれを、惜しみなく人にわけられた、その結果が、今日のわれわれにあの数多い奇蹟となって残されたと思うのでございます。

今一つその純真なお気持から、谷口先生への思慕《しぼ》と申しましょうか、御尊敬と申しましょうか、「われ限りなく恩師を愛す」というような服部先生のお気持を、私はよく見ておりました。かりそめにも、「先生でも……」とか、「先生さえ……」というようなことを申す人があるといたしますと、それこそたいへんなお叱りを受けた、とてもきびしいお叱りを受けた。先生は絶対である——これは教えをいただいているすべての者がそうでございますけれども、そういう気持を、あの几帳面《きちょうめん》な、真面目な服部先生としては、最もつよく持っていらっしゃったと私は思っております。

「いつでも先生はすべてのことをお見通しである。えらそうなことをみんなが言っても、なにもかも先生はお見通しである」ということをわれわれに話されました。

かつて谷口先生の御実父様のお写真だけをもとに銅像をおつくりになった、谷口先生が服部先生にお願いになって、おつくりになったことがございます。その粘土原型ができましたときに、先生に一度御覧いただきたいとおっしゃって、お見せになった。先生は、「ちょっと手を入れてもいいですか」とお訊《たず》ねになったそうでございます。あとの話でございますけれども、服部先生は、素人の方にお手を入れられることが、専門家としていちばんいやなことだけれども、ほかならぬ先生のことだからと思って、「どうぞ」と申しあげて、へらをお渡しになったそうでございます。「ところが谷口先生がチョッ、チョッとあちこちお手をお加えになりましたものを、あとで拝見しましたら、本当に生き生きとした御尊父様の姿がそこに表れた。自分の作が本当に生きて来た。どこまで先生はお偉いのかと、私は本当に心から今さらでないけれども先生の偉大さに感心しました」と、これは私の直接うかがったことでございます。その銅像はお山(谷口先生のお宅)にございます。

そういったような、先生に対する絶対尊敬の純情、自分のいのちの親様であるという気持で、先生に対されましたことは、まことに美しいことであると思います。

また一面、自尊心の強い方でございます。谷口門下の第一人者という、自負心をもっていらっしゃったと申しましょうか、それが事毎《ことごと》に表れるので、私はときどき感心もし、またときにはおかしくも感じた場合さえもございました。

考えてみますと、御自分が本当に飛び込むようにこの真理をおいただきになって、長い間、報恩行《ほうおんぎょう》としていろいろのおつとめをなさいました。いつ、いかなるときにでも、「今日は先生からこういうおほめのお言葉をいただきました」あるいは「先生のお代理で今日はどこそこへ行ってまいりました」というようなお話をうかがうときの、何と申しましょうか、本当に無上の光栄と、ちょうど小学校の子供が、三重丸でももらったときの喜びのような表情で、喜々としてお話しになりましたこと、私には忘れられないひとつでございます。

服部先生は、すべての人に対してまことに暖いお導きをなさいましたから、先生によって救われた方は数知れない。それこそ身分の上下を問わず、ありとあらゆる層に先生のお救いを受けた方がたくさんあるのでございますが、有名人といわれるような人々には、たましいを救われたという気持で、素直にこの御教《み》えにしたがってそのまま光明化に、というような人が少い。それをいつも嘆いていらっしゃいました。もし私のお世話した方々がみんな本気になって先生の御教えを行じて下さったら、この御教えはもっともっと、どんなに発展するかわからないのに、ということをしばしば先生は口にしていらっしゃいました。

先生の御家族に対するお気持、いつも谷口先生が仰《おお》せのように、〝人類愛〟と叫んでいても、家族を顧みなかったり、身近な人々への暖い心配りがなかったならば、生長の家でないということをよくうかがうのでございますが、その点、服部先生は御家族に対して、それは十二分の御愛情を注いでいらっしゃいました。あの貞淑《ていしゅく》な奥さんについては、「うちの家内はえらいんですよ」と、長い間の奥様の内助《ないじょ》の功《こう》のしみじみとしたお話を私はたびたびうかがったものでございます。「うちの家内はえらいんですよ」とおっしゃるのは、おそらく奥さんに対する無上の感謝のお言葉であったろうと私は思っております。

お子さんに対しては、慈父《じふ》であった。世の中には、慈母《じぼ》はたくさんありますけれども、慈父というのはなかなかありません。服部先生こそは慈父の鑑《かがみ》だと思います。むしろ甘いお父さんであったかのようにさえ思う人もあるだろうと思います。

お友達に対しては、たくさんに皆さんのお世話をなさいました。それこそトコトンまでのお世話をなさることは、片岡《かたおか》環《たまき》さん、伊藤《いとう》種《たね》さんなどのような方々もよくご存知でございます。

こうして、ありとあらゆる面に惜しみなく愛を行じられたことは、これをもって私は、われ谷口門下の第一人者とおっしゃってもそれは決して過言でないようにさえ思っております。

今一つ、数知れぬほどの人たちの悩みをやわらげ、苦しみを除いていらっしゃったあの先生の晩年が、肉体的な病気で、いたいたしいお姿になった。にもかかわらず、奥様にお手を引かれながら、よく本部道場へおいでになりました。そして理事会にお出ましになった。そのいたいたしいお姿に、あれだけの人を救う、あれだけの真理を述べられた先生の、あのお姿——と、口さがない人々の言葉をときどき耳にするたびに、私は、どうかあの姿でお出にならないようにとさえ申しあげたくらいでございますが、今にして思いますと、あのお姿こそ、「堅固《けんご》法身《ほっしん》、朦滴々地《のうてきてきじ》」の実証であったというように、最近の私にはひしひしと感じられます。

現象に捉《とら》われ、肉体に捉われておりますす今の私には、毎日、あの当時の先生のお姿を思い出して、本当に反省させていただいております。現象なし、肉体なしと、教えをいただき、それをお伝えしておりながら、ややもすればそれにひっかかっております私。あの、よそ目にはいたいたしいようなお姿で、大衆の前にお立ちになった、皆さんの集りの中へお出になったことは、おそらく、あれだけのお悟りの服部先生にしてはじめておできになったことだろうと、しみじみと感心いたしております。

先生の無邪気なお気持と申しましょうか、その御日常について、いろいろ思い出があるんでございますが、先生が東京をお離れになる少し前に、御自分でももう再起できないとお思いになったか、谷口先生御夫妻のおいでをお願いになった。奥様が行ってお願いになった。そして恩師をお迎えして、恩師御夫妻のお言葉をお頂きになった。その場所に私は伺っておりませんけれども、その光景に思いをはせるのでございます。あたたかい恩師のお言葉に包まれて、それが本当に最後のおいとまごいであったかと思いますと、いつも私は美しい一幅の絵を見るような気持で、それを思いおこしております。

こうした思い出は数々ございます。しかし限りある紙数にいつまでも長くしゃべることはできませんが、もう一つ申しあげたいのは、あの通り真面目な方である、あるいは生一《きいっ》本《ぽん》な御性格で、よく会議のときなどには皆さんと御意見の合わなかったこともあるらしいのです。これも故人でいらっしゃる清都《きよと》理門先生が、「いま服部さんがおこってくるよ」と言って会議からお戻りになる。まもなく、それこそ殺気走ったお顔で服部先生がお見えになります。理門先生は「服部さん、あんたは正直な人だから、あれでいいんだ。しかしね、われわれはすべてのことに、最後の断は先生からいただくんだ。これは先生のお言葉できまったことですよ」と申されますと、ちょうど朝日にあった霜のように、今までの何かしら緊張したお気持がやわらいで、すごすごとお帰りになる。その後姿を見て、理門先生、「服部さんは偉い人だ。正直な人だ。純真な人だ。先生のお言葉と聞いたら、本当に青菜《あおな》に塩をかけたようになるんだから。ハハ……」と、皆さんご存じのあの豪快な笑いをなさった。そういう場面もたびたびございます。

この両先生が霊界において、どういうふうなお話合いをしていらっしゃることか、私どもはときどきその空想を走らせまして、まことにこの、どちらも恩師を思う、御教えを思う、しかも中心帰一のお気持のはっきりしたお二方の、霊界における対談がなんとなくしのばれるのでございます。

最後に一つ、添えさせていただきます。服部先生はよく、私に向って「弟子が先生よりも年上であるということは間違っている。あんたは先生よりお年が上でしょう。私は先生より一つ下なんですよ。だから私は本当のお弟子ですよ」

そう聞きますと、私も黙ってはおりません。

「それでは、摩訶迦葉《まかかしょう》はどういうことになりますか」と言って、二人は呵々大笑《かかたいしょう》した──このエピソードは、いつ思い出しても、ほほえましい。ある人は、愚《ぐ》にもつかぬとお笑いになるかも知れないけれども、服部先生の真面目なと申しましょうか、先生を独占したいというような気持と申しましょうか、何とも言われぬ、そこに無邪気な一面が私には思われます。

この偉大な御教えのあかしとしてたくさんのお手本を残された功労者の服部先生に心から感謝を捧げると同時に、今度出版されます御本が、皆さんのお手に行きましたときに、あらためて先生のありし日のことを皆さんと共に偲《しの》び、さらに精進《しょうじん》してまいりたいと存じます。

昭和四十三年八月

第一篇　奇蹟の人

五官《ごかん》の目より見れば、人間は肉体であり、有限であり、病み、老いそして死ぬ者である。しかし、それ以上のものを知る者は幸《さいわい》である。

いまここに、ナメクジの夫婦がいるとしよう。そしてそれを眺めている人間がいて、花嫁のナメ子さんをつまみあげ、どこか別の場所へ移してしまったとしよう。夫のナメ吉氏は、愛妻の突然の蒸発に驚き、嘆き悲しむ。やがてまた、可哀《かわい》そうに思った人間が、ナメ子さんを夫の所へ連れて来て置いてやったとしよう。ナメ吉氏は驚いて、われに天佑神助《てんゆうしんじょ》の奇蹟ありと喜ぶだろう。

人間はタテ・ヨコ・厚みの三次元の世界に住んでいる。そして、五官の感覚によってはこの三次元の世界しか感じられないから、その範囲で説明のつかないようなできごとに出くわすと、ナメクジのナメ吉氏のように、これは奇蹟だと驚く。そして、そのようなできごとは、なるべく否定したがるもののようである。しかし、事実は事実であって、否定できない。生ける宗教は、五官の世界、三次元の世界を超えた本源の世界を教えるものである。だから常識から見れば奇蹟と思われるようなことが起るのが、あたりまえなのかもしれない。

昭和十年五月号の『主婦之友』誌に、「奇蹟的な精神療法の真相を探る」と題して、生長の家の探訪記事が載った。当時、これがまきおこした反響はきわめて大きかった……次にその一部を収録させていただこう。――（原文は正漢字・歴史的仮名遣いであるが、常用漢字・現代仮名遣いに改めた）

奇蹟的な精神療法の真相を探る

話を聴くだけで難病が全治するという「生命《せいめい》の実相《じっそう》」とは何か?

「併《しか》し、世の中には、不思議なことがあるものですね。」

夜も大分更《ふ》けたので、私はもう辞そうとしたが、吉沢画伯は、まだ何事か語り出そうとされるのであった。省線電車(編註・かつての鉄道省が管理していた路線。現在のＪＲ線)の警笛が、ときどき遠くで響く。

「元来私は、神も仏も信じない方で、それかといって、別に否定するわけでもありません。よく言えば自由な、悪く言えば場当りに、その日その日を過しているわけですが、どうしても不可解な奇蹟に、すっかり考えさせられてしまいましたよ。

そんな不思議なことがある筈《はず》はないと、理性では思います。併《しか》し、それを事実として、目《ま》のあたり見せつけられると、全くまいってしまいます。何もかも考え直さなければならなくなりましたよ。事実の前には、どうにも頭が上《あが》りませんからね。」

　平常《ふだん》ものに拘泥《こだわ》らない画伯が、何をこんなに考え込んでおられるのか？　何が不思議だと言われるのか？　好奇心に駆られて、私は次の言葉を待った。画伯の広い額には、混迷が、静かに渦巻いているようであった。

「私の知人のお父さんで、中風《ちゅうふう》で左半身が不随になって、八年間臥《ね》たきりの人がありました。ところが、帝展の或る彫刻家で、苦もなく難病を治すという人があって、その治療を受けたのだそうです。

　治療と言っても、一時間ばかり話をして、ちょっと手を触れただけですが、その場で、曲っていた手が伸びたのです。そしてその日から歩けるようになって、再起を諦《あきら》めていた六十七のその老人は、ただもう嬉しさに、泣いてばかりいるのだそうです。

　また、日本橋の或る貴金属商の主人は、悪性の脊髄癆《せきずいろう》に冒《おか》されて、金に飽かした医者の手当も、何の効もなかったのが、やはりその彫刻家の手によって、完全に治ってしまいました。

　今までの私は、こういうことを聞くたびに、荒唐無稽《こうとうむけい》なこととして、一笑に附していましたが、今度はどうも深く心に響くものがあって、何か自信をゆすぶられたようで、これをどう解釈すればよいか——全く不思議なことがあるものです。」

吉沢画伯は、いかにも怪訝《けげん》に堪《た》えぬもののように、深い溜息《ためいき》を洩《も》らされるのであつた。

記者は、職業意識の第六感が、ピンと頭に来て、その中風が治ったという老人の住所氏名を訊《き》き、終電車に急いだのであった。

日頃闊達《かったつ》な吉沢画伯を、あれほどまでに考えさせているものは一体何か？　最近流行の精神療法の類《たぐい》か？　真実、摩訶不思議《まかふしぎ》の霊験《れいけん》を現すものであろうか？　それとも、巧妙にインチキを企《たくら》んだ詐欺《さぎ》でもあろうか？　深甚《しんじん》の疑惑と興味とを覚えた記者は、その真相を究明すべく決意した。

八年の中風が立ちどころに治った根岸仲次郎氏の経験

杉並区高円寺に、根岸仲次郎翁《ねぎしなかじろうおう》を訪ねると、老人は、日当りのよい二階の部屋で、愛玩《あいがん》の九官鳥が囀《さえず》る鶯《うぐいす》の声色《こわいろ》を聴きながら、書物を繙《ひもと》いていた。根岸老人は今年六十七である。

八年間動けなかった人とも思えない血色。多年北平《ペーピン》にあって、駈引《かけひ》き上手の支那《しな》商人を対手《あいて》に商売をしていた人だけに、老いて尚《な》お往年の炯眼《けいがん》が眉宇《びう》に窺《うかが》われるのであった。永年臥《ね》たきりの習慣が脱《ぬ》け切らないので、常人のようなわけにはゆかないが、階段の上り下りもでき、眼も耳も人並である。

老人は、大正十五年春、北平で、初めて軽い脳溢血《のういっけつ》で倒れ、これは三週間で治癒《ちゆ》したが、帰国後、昭和二年の夏、再び倒れて口も利けなくなり、臥《ね》たまま数年、もはや再起のほども覚束《おぼつか》ないことを覚悟して、昭和六年には墓を建て、空しく生ける屍《しかばね》を横えていたのである。

堀田夫人は、根岸夫妻が仮親《かりおや》になって結婚した人であるが、良人《おっと》の勤先《つとめさき》の主人巽《たつみ》忠蔵《ちゅうぞう》氏が、帝展の彫刻家服部仁郎氏の精神療法で、難治《なんじ》の脊髄癆《せきずいろう》を治《なお》したという事実を齎《もたら》して、根岸老人に、服部氏の治療を受けることを勧めた。

中風が治《なお》れば、そのまま死ぬかも知れぬという予感と、神仏に対する不信とから、老人は初め、なかなか聴《き》き容《い》れようとはしなかったが、半年に亙《わた》る夫人の熱心な勧説《かんぜい》の結果、遂に心動かされて、服部氏を迎えることになった。

本年一月十九日朝、堀田夫人は服部氏を伴って、老人の病床を訪ねた。服部氏は、「人は神の子であるから、本来病《やまい》はない。あると思うのは心の迷いである」という意味のことを話した後、老人の背を擦《さす》った。

堀田夫人は、それを目撃していたのである。

老人の曲っていた左の手がグーンと伸びた。

「起《た》って御覧《ごらん》、起てますよ。」

服部氏の声に、老人はやおら起《た》ち上った。そして、二足三足歩いた。

再生の歓喜！　根岸老人は、ただ涙あるのみであった。

翌日は散髪して、八年目の風呂に入り、孫子《まごこ》に囲まれて銀ブラをし、「天金《てんきん》」で天ぷらを食べたという。

悪性の脊髄癆《せきずいろう》が奇蹟のように治った巽《たつみ》忠蔵《ちゅうぞう》氏の経験

浅草橋停留所前に、貴金属卸商で金《きん》忠《ちゅう》店というのがある。主人巽忠蔵氏は、本年六十歳、歳《とし》よりも若く見え、肉附《にくづき》血色とも良く、ガッチリした体格である。

昨年の一月頃から、まだ老衰する歳でもないのに、いろいろと解《げ》せぬ症状を呈《てい》して、特に右手が運動困難となり、医師の診察を請《こ》うと、脊髄癆《せきずいろう》と診断されて、大《おおい》に驚愕《きょうがく》し、直ちに帝大病院の真鍋物療科《まなべぶつりょうか》に入院した。

現代医学の粋《すい》を集めての治療も奏功せず、却《かえっ》て二十年来宿痾《しゅくあ》の下痢症に悪影響を及し、治療の継続が不可能となった。

次いで呉《くれ》内科に転じ、熱療法を受けたが、その結果も捗《はかばか》しくなかった。

帝大病院の官僚的なところに不満もあって、またまた小石川分院の塩谷《しおのや》内科に移り、金に糸目をつけずあらゆる治法を講じたけれども、更に効験《こうけん》なく、遂にここも退院して熱海の別荘に転地した。

心中既《すで》に覚悟するところのあった巽氏は、その年六月、帝展の彫刻家安達《あだち》貫一氏に、肖像の制作を依頼したところ、安達氏は巽氏の病気を知って、その友人服部仁郎氏の精神療法を受けることを勧めたのである。

もともと無信仰で、迷信嫌いの巽氏、今更精神療法などで治って堪《たま》るものかと、堅《かた》く断っていたが、子宮外妊娠を二度もして廃人《はいじん》同様になっていた長女の静子さんは、安達氏の話で早速服部氏を訪ね、『生命《せいめい》の實相《じっそう》』という書物を貰《もら》い、訓話を聴いて、病魔を征服することができたので、さすがの巽氏も、この奇蹟的な事実に愕《おどろ》き、それでも半信半疑で、服部氏の来訪を請《こ》うたのである。

服部氏から二時間あまり、『生命の實相』につき話を聴き、神想観《しんそうかん》というのをしたところが、その場で起《た》てるようになって、歓喜のあまり、泣く、踊るの騒ぎを演じ、翌日は、目黒雅叙園《がじょえん》で全快祝いをし、帰りには神宮内苑の菖蒲《しょうぶ》園を拝観したが、少しも疲れを覚えなかった。

今、巽氏は壮者《そうしゃ》を凌《しの》ぐ元気で、『生命の實相』の普及に尽している。（中略）

肺炎と肋膜《ろくまく》炎を治して療法を体得した服部仁郎氏の経験

巽氏の脊髄癆《せきずいろう》、根岸老人の中風を治した服部仁郎氏とは、如何《いか》なる霊力を持った人であろうか？　記者は東長崎に服部氏を訪ねた。

帝展の彫刻家として知られているけれども、芸術家らしい型《タイプ》も見えず、また精神家らしい様子もない。

一昨年の九月、帝展の制作中、重症の肺炎に罹《かか》り、全然眠ることができなくなった。そのとき、同じ彫刻家の片岡環《たまき》氏が、「生長の家」の小冊子《パンフレット》、『人間生き通しの話』『心われを生かす』の二冊を読むことを勧めたので、読んでみたが、別に何のこともなかった。しばらく経《た》って、胸から頸《くび》にかけて見る見る腫《は》れ上《あが》り、右は肺炎、左は肋膜炎《ろくまくえん》で、心部淋巴腺《りんぱせん》の膨脹と診断された。

もう術《て》の施《ほどこ》しようもなく、服部氏は覚悟を決めて、遺言までしたところ、どうしたものか気分が俄《にわか》に楽になって、肺の一つくらい無くなっても生きることはできると悟ると、眼に見えて腫《は》れがすうっと引いて、三日目からまた制作をつづけることができた。

数日後、服部氏が『生命《せいめい》の實相《じっそう》』を読んでいるところへ、友人の奥様が見舞に来て、氏の様子を見て愕《おどろ》いて忠告した。その奥様は、前からリウマチスで手頸《てくび》が動かなかったのであるが、氏の説明を聴いただけで、その場で動くようになったという。

それから服部氏は、人の病気を治すことができるという信念を深め、同時に、「生長の家」に興味を惹かれて、婦人裸像「心の影」の帝展出品を終った後、わざわざ神戸に赴いて、直接当時神戸にあった谷口氏に面接して教えを受け、「生命の実相」を悟るに至ったのである。

「生長の家」の誌友中《しゆう》、服部氏は、「生命磁気」最も強大で、氏によって治療された人の数は、枚挙に遑《いとま》ないほど多く、この事実を聞知《ぶんち》した目白警察署では、種々内偵の結果、無届の療術行為として摘発し、昨年十一月、服部氏を喚《よ》び出して取調《とりしら》べた。

服部氏は、

「私は治すのではない。私の話を聴けば、向うの方で勝手に治るのであって、謝礼も取らぬから、絶対に療術行為ではない」

と抗弁《こうべん》はしたが、いっそ届《とどけ》を出して、大手を振ってやった方が、人のためである、と思い直して、届書《とどけしょ》を出したのである。その書類の文言は、至って簡単で、

生長の家の生命の実相を語る。背後より光明《こうみょう》思念を送ることあり。

という僅々《きんきん》二三《にさん》行《ぎょう》のものに過ぎなかった。(中略)

何故難病が全治するか？　谷口雅春氏を訪《おとな》う

以上は、記者が歴訪した多くの体験者のうちの一部分であるが、この探訪の結果、最初、吉沢画伯から話を聴いて、非常な疑惑を懐《いだ》いていた記者は、もはや、この事実の儼《げん》として動かすことのできないことを確認するに至った。

片々たる小冊子《パンフレット》で、僅々《きんきん》二三《にさん》十分の話で、中風を起たせ、肺炎を治すという、さながら、かの蹇《あしなえ》を起たせ、盲《めしい》を明かしめたクリストの奇蹟を目のあたり見るような、この驚くべき療法の原理は、一体何であるか？　記者はその真相を探るべく、『生命の實相』の著者、谷口雅春《たにぐちまさはる》氏を渋谷区穏田三丁目七十六番地の「生長の家」に訪《おとな》うた。

ところは、青山一帯を見下す丘上――

澄徹《ちょうてつ》した瞳の中に、深い思索の色を湛《たた》えて、谷口氏は平然として、併《しか》し、親しみ多く語るのであった。

記者は、氏の説く謂《いわ》ゆる「生命の実相」について、痛烈な質疑を放って、その虚を衝《つ》こうとしたのであるが、氏は、一々これに簡明な解答を与えて、何等遅疑《ちぎ》するところなく、言々句々《げんげんくく》信念より迸《ほとばし》り出る、力強い断定であった。

一問一答の内容は、頗《すこぶ》る多岐に亙《わた》って、到底ここに尽すべくもないが、その要点は次の通りであった。

○

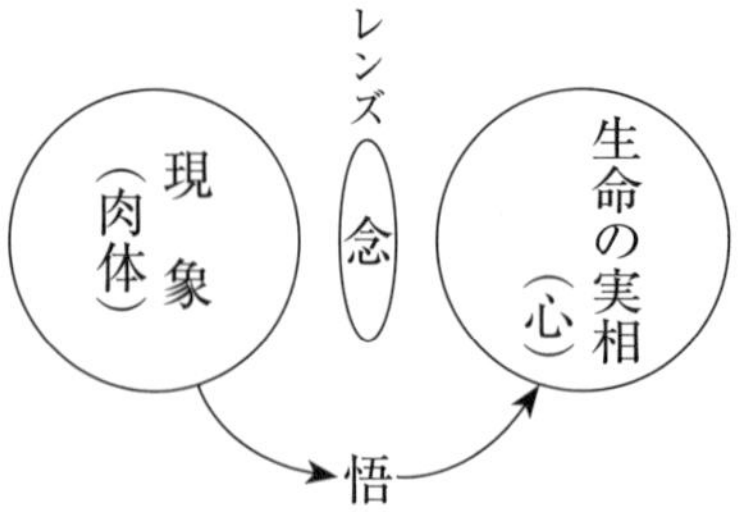

万物の霊長たる人間は、「神の子」である。
肉体は心の影である。
肉体に生ずるさまざまの現象は、心と肉体との間にあるレンズに起した、「念」の作用であって、病気の「念」を起せば、肉体に病気の現象が生じ、悪の「念」を起せば、罪の現象を生ずる。これを、「念の具象化《ぐしょうか》」と謂《い》っている。（上掲説明図参照）
そこで「われは神の子である」という悟《さとり》を開くためには、現象の世界を去って、「生命の実相」に還らなければならぬ。

即ち、現象の世界に捉《とら》われないで、「生命の実相」だけを見詰めることは、「われは神の子である」という悟に入る道である。

神は完全円満なものである。従って「神の子」たる人間も、また当然完全円満でなければならぬ。すると、完全円満な「神の子」に、病気というような不都合なものは、絶対にあるわけはない。病気は「病気であると念《おも》うこと」に過ぎないのである。その「念う」ことがなければ、病気は影も形もないのである。「自分は神の子だから、完全円満なのだ。病気だと思っていたのは迷いであった」と、本当に悟ることができれば、それだけで病気は治ってしまう。

鶏《にわとり》を静かに抱きすくめて、動かなくなってから、床の上におき、その眼の前から床の上に、白墨《はくぼく》で一直線を引くと、鶏はその線の紐《ひも》で縛られているものと誤信して、本来の起《おき》上《あが》る力が出ない。消せば忽《たちま》ち起上る。

病気の原因は、つまりこの「白墨の線」で、医者の診断や、黴菌《ばいきん》の伝染などという病的観念の白墨で、八方から縦横に描かれた線によって、縛りつけられたつもりになって、病気という現象を起している。「白墨の線」を消せば、立ちどころに治ることはいうまでも

ない。……（後略）

○

【新天新地《しんてんしんち》の神示《しんじ》】

見よ、われ既に天地を新《あら》たならしめたのである。人々よ、眼の蔽《おお》いをとれ、われは新《あたら》しき智慧《ちえ》である。新しき生命である。新しき宇宙である。新しき光明《こうみょう》である。われ臨《きた》って此《こ》の世界は既に変貌したのである。既に信ずる者の暗黒は消え、醜汚《しゅうお》は滅し、病いは癒《い》え、悲しみは慰められ、苦しみは柔らげられた。神秘を見て人々よ、目覚めよ、覚めてわが新しき光に照らして存在の真実を見よ。われは存在の実相を照らし出す完成《ななつ》の燈台《とうだい》に燈《ひ》を点ずるものである。悲しみに泣き濡《ぬ》れた人々よ。いま眼を上げて吾《わ》が光を受けよ。汝《なんじ》の悲しみは喜びに変るであろう。病《や》める者よ、いま病《やまい》の床より起《た》ちて、わが生命を受けよ。われを拒《こば》むな。われを信ぜざる者は已《や》むを得ぬ。われを信ずる者は黙坐《もくざ》してわれを念じ、われに依《よ》り頼れ。われ汝等《なんじら》に「神想観《しんそうかん》」と云《い》う観行《かんぎょう》を教えたれば、それを為《な》せ。われに汲《く》むものは常に新しき力に涸《か》れないであろう。吾《われ》を呼ぶ者のもとに吾《わ》れは常にありて、汝らのために汝らの重きくびきを軽からしめる。なんじ一人ならば吾れを念じて吾れとともに二人なりと思え。なんじら二人ならばわれを念じて吾れと倶《とも》に三人なりと思え。悩める者よ、わが言葉を読めば苦しめる魂も軽くなり、悲しめる魂も慰めを得ん。そはわれは限りなき大愛《たいあい》であるからである。汝ら事にのぞんでわれを呼べば、自己の知らざる智慧《ちえ》の湧き出《い》ずるに驚くであろう。信ぜぬ者、呼ばぬ者は、不憫《ふびん》であるが助けようがないのである。汝の心の疑《うたが》いがわが救いの波長に合わないからである。遠くにいて救われている者もあるが、近くにいても救われぬ人もある。仕方のないことであるが不憫《ふびん》である。もっと兄弟たちに「生長《せいちょう》の家《いえ》」を伝えよ。神の愛は貰《もら》い切りではならぬ。頂いたお蔭《かげ》を「私《わたくし》」しないで、神の人類光明化運動に協力せよ。「生長の家の神」と仮りに呼ばしてあるが、「七つの燈台の点燈者《てんとうしゃ》」と呼んでも好《よ》い。七つの教えとイスラエルの十二の分派《わかれ》がわが教えで新しき生命を得《う》るのだ。わが教えはどんな宗派をも排斥するような狭い宗教ではない。教えの太宗《もと》であるから宗教と云《い》うのである。（昭和六年五月六日神示）

——谷口雅春著『日々読誦三十章経』

第二篇　霊感の講演

服部仁郎氏は生長の家に触れて以来、昭和四十一年七月二十五日に大往生を遂げるまで三十余年間、この教えと共に歩んで、数えきれぬほどの〝奇蹟〟を演じ、氏によって救われた人々は、幾千人にも上ると思われる。実際、服部氏は生長の家の中でも霊感第一の人、奇蹟的治病第一の人であったということができよう。

では、その〝霊力〟とは何か？　〝奇蹟〟の本源はどこにあるのか？　服部仁郎氏の業績から、生長の家の神髄に迫りたい。

まず、生前最近の服部氏の講演の紙上録音を聞くことにしよう。淡々とした調子の中に聴衆を深くひきつけたこの講演によって、主客ともに何も知らぬうちに難病が消えていたというようなことが続出した。昭和三十五年五月二十九日および同年十二月二十五日、いずれも生長の家本部大道場において、「今を生きる」と題しての講演を、録音テープにより記録して一つに整理しまとめたものである。

医学を超えた奇蹟

横浜の戸塚に斎藤忠久さんという医学博士がいらっしゃいますが、その御親戚でIさんという人が東京にいらっしゃいます。その方がある晩私に電話をかけて来られました。子供が目をひきつって、顔のところへ手をやっても、息もしていない。もう今夜中ももたないかも知れない。先生、今から自動車を向けますからすぐ来てくれませんか、とおっしゃるのであります。そこで、病気は何ですかと聞きましたら、精神分裂症だという。私は、「分裂症なら死にはしないから大丈夫ですよ、お父さんお母さんの心を落ちつけ、『甘露《かんろ》の法雨《ほうう》』を誦《よ》んでいらっしゃい。明日行ってあげましょう」

と言って、翌日行ってあげました。

子供の寝ている所へ行ってみたら、なるほど目をつって、苦しそうにしている。しかし、そこで私は「たいへんだ」なんて言わない。

「なかなか聡明《そうめい》そうな顔をしている。これは夢を見ているんだから、夢をさましたらいい。大丈夫ですよ」

と言って、それから二、三話《はなし》をしてあげたら、子供は落ちついて、自分で便所へ行く、そしてそれまで何も物を食べなかったのが食べるようになった。

それから二日ばかりして、斎藤忠久さんという、この子供の叔父さんに当る人（奥さんの妹さんのお婿さんで、御夫婦どちらも医者なんです）が、即刻入院させなければいかんと言って来た。お父さんは私の所に来て、「子供を私は入院させたくないんだけど、医者が親戚なもんで困るんです。どうしたらよろしいでしょうか」というので、「ぼくがいっぺんそのお医者さんと会ってあげましょう」と言った。「私の話がわかって、入院させなくていいということになれば入院させなくてよろしいでしょう。やっぱり入院させなくてはいかんとお医者さんがいうなら、入院させたらいいじゃないですか」というわけで、東京のIさんの家でその斎藤忠久さんと落ちあったんです。そこで私は相談した。

入院させたらどういうことをするかというと、意識中断をするというんです。私は、そういうことをする必要はないと思います、と話しました。どういうわけかというと、私はこの子がこういう状態になるまでのことをいろいろ聞いていたからであります。

この子は小学校五年まで、マンガが好きで――それも時事マンガが好きで、しかも、自分でその時その時聞いた話や見たことをマンガ化する、そのマンガを一冊とか二冊にまとめて、学校へ持って行って先生に見せた。そしたら先生が
「こんな絵をかいたらだめじゃないか」

と叱られた。その日から絵をかくことをやめたというのであります。

それから今度は昆虫を採集して標本作りをした。友達間から〝昆虫博士〟と言われるくらい熱心にやった。夏のこと、高尾山へ行きまして、あるトンボを見つけてその日とれなかったら、その翌日行って同系統のトンボをとる――それくらい熱心であった。そうして先生の知らんような標本まで作って夏休みの終りに持って行った。すると先生は、

「男の子って、セミやトンボをとるん好きねエ。そんなに苦心しなくったって、デパートへ行ったらいくらも売っとるよ」

とこう言ったというのであります。

どうでしょう。子供の努力に対して少しもそれを買ってやらなかった。そうしたらそれきりもう昆虫採集をやめてしまって、それからお父さんにおねだりをして望遠鏡を買って

もらった。そして天体の研究をさかんにやりましてね。

ところがそのうちに、ある日学校から帰ってきますと、カバンに「お前はオシか」と書いてある。どうしたのかな、と思っていると、そのうち一月の寒い時に、お風呂に入っていて、いっこうに出て来ない。一時間もはいっているのに出てこないので、どうしたのだろうと思ってお父さんが見に行くと、ハダカでお風呂にはいらないで煙突に手拭いを巻いて、風呂桶をかかえている動作は、お猿さんそっくりだったというんですね。それでお父さんはビックリしてお医者さんに相談したら、東大へ即刻つれて行って診断を受けよという。

東大へつれて行きましたら、東大ではお医者さんがその子を前にして、

「もう二年早かったらよかったけど、もうだめだ。お気の毒です」

と言ったというんです。子供は「もう自分はだめだ」ということだけでいっぱいになってしまったわけですね。

そういうことを聞いていましたので、私が、

「先生、そういうようにマンガをかいていればマンガをだめだと言われてやめるし、昆虫

採集だって、ほめてくれなかったのでやめるし、そのように言葉の力でちゃんと意識の中断ができているんだから、今さら意識の中断をする必要がありましょうか」と言ったら、

「まあ、それはそれでいいでしょう。しかし、入院はさせますよ」という。

「なんで入院させなさいますか」と言ったら、

「それは物を食べないから、栄養失調になるから」とおっしゃるのです。

「お父さん、物を召上《めしあが》りませんか」と聞いたら、

「いや、服部先生が来てくれてから、こういうふうに物を食べます」という。お医者さんはじっと聞いていて、

「うん、それだったら栄養失調にならんね。しかし入院はさせますよ」

「なんで入院させますか」と言ったら、

「それはね、物を言わんから、ショックを与える」

「ショックって、どうするんですか」

といいますと、たとえますとこういうことだというんですね。皆さんがイカを焼くときに、網の上にイカをのせて焼くとキューーッと反《そ》りますね、そういうことをやる。親兄弟は

見ておれん。

「そんなことをしたら本物のキチガイになってしまう。かわいそうだ」と言いましたが、「私は医者です。科学者です。ですから、科学と宗教とが一致するという御説明をいただいて、それに私が満足な理解ができたら、全面的に私は医者としての手を引く」

というのであります。

宗教の本質は、自と他が一体であるということを自覚して生活することであります。科学というのは、八十パーセントとか何パーセントとかの確率をもって証明するのですね。百回のうち八十回同じ結果が出たら、これは使っていい、あるいはこれは毒だ、という。そういうようにして科学的な証明ができるかというから、私は「そこに宗教は『自覚』という言葉を使うんですよ」と申しました。自覚というのは皆さん、よく「生活するのに自覚が足りん」とおっしゃいますが、宗教的な意味で「自覚」というのはもっと絶対的な意味をもつ言葉でしょう。「証明を用いずして了知《りょうち》する」というのが「自覚」ですからね。証明なしに、自と他が一体であるという自覚ができて、まず自分自身の生活の合理化ができ、科学として教育とか哲学とか、さらに政治になり経済になり、自然科学、医学にもなる。……

そういって話しましたら、お医者さんはじっと聞いていましたが、「よくわかりました。もう全面的に手を引きます」と言って帰られたのであります。私も帰った。

ところがこのお医者さんがおうちへ帰ったところが、たいへんなことになったというのです。それは、このお医者さんは、十五年のあいだ痔《じ》の出血と疼痛《とうつう》と脱肛《だっこう》にイボ痔――これはポリプと言って直腸癌であったというんですね。友達が、もう早く手術せんかと言ってくれていた、ところがそれが、うちに帰ってみたら、ない。いつも往診に行って帰ってくると風呂に入ってからそれを始末するのが一仕事だった。だのに、もう出血もなければ痛みも脱肛もイボ痔もみんな消えている。自分の病気のことなんか何も考えていなかったのに、そういう結果が出てきたわけなんですね。

またその後、私がその話を道場でしていましたら、松尾さんという人がそれを聞いていまして、その人はやはり痔が悪くて出血がひどかった。何でも、便所へはいって腰をかけると、便所の中がすっかり血だらけになる。お掃除をするのがたいへんだった。その人が、このお医者さんの話を聞いただけで、「ぼくも痔が悪いんだがなあ」と思って、治るとも何とも思わないのに、帰ってみたらそのひどい出血が止っている——ということにもなったのですが、そのお医者さん、斎藤忠久さんのお手紙を読ましていただきましょう。

○

キリストが行ったと同じ奇蹟が、生長の家に今もなお限りなく起りつつあるという。そんなことが、そう容易に現実の世に起り得るものだろうか。他のことについては一応納得もし、その教えにはなはだ同感いたしておったのであるが、どうも病気が治るということに関しては疑問の点が多く、生半可《なまはんか》な信仰で治療の時機をおくらしてはとんでもないと、甥《おい》の病気に即刻入院をすすめた私は、その翌々日、服部仁郎先生の膝を交えての熱意ある正しい信仰についてのお話を聞かせていただくことになったのである。

医学の知識のいっぱいつまった頭をかかえて、はじめて服部先生の前に坐ったその時、私の体に奇蹟が起ってしまったのである。癒《いや》されるであろうとも、癒されたいとも思わなかった私の毎日の出血と疼痛に苦しんでいた脱肛と痔核《じかく》が、その時以後、忽然《こつねん》と消えてしまったのである。お話を聞きながら、「今夜はまた痛んで困ったな」と思った、それが服部先生を通して神の救いに摂取《せっしゅ》されてしまったと思うよりほかない。

「これはいったいどうしたわけか、きっと明日目ざめたらまたもとの通りだろう」と思いかえし、あるいはまた、「よし、刺激食をとってみよう」とわざわざすし屋へ出かけて、特にわさびの強い鉄火巻を注文してみる等のことをして夢見心地であったが、それから一ヵ月あまり経《た》つが、たしかに消えてしまって無いのである。夢とは、まさにそれまでが夢で、今私の魂は目ざめさせていただいたのである。

無いものは無いのであった。静かに実相界の円満完全さを思うとき、一条の光が私の中にさし込んできて、一切の悪と見ゆるものが、その形を失って光の中に消えてゆくのを覚えるのである。

私は医者である。たくさんの病気の理屈を知っている。そして医学はたくさんの人の肉体を救っていることも事実である。だがそれは八十パーセントの確率なのである。八十パーセントしか救い得ないのである。ところがここに百パーセント癒《いや》される道があるとしたらどうだろう。それは癒されるのではなくて無が無に帰するところの本来の実相顕現ということであると教えられているのであるが。だからはじめから百パーセントなのであろう。私はもう、この問題は医学からまったく離れて考えるよりほかない。自力《じりき》で救われるのは大変だ。肉体を十字架にかけてのち、永遠に復活したキリストが、私を救い、そして多くの人を今もなお救いつつあるのであろう。救われた私の歩む道は、「神は病《やまい》の癒されることより魂の生長をこそ喜び給《たま》う」ということにある。だが、魂が神にふりむいている時、神のつくり給わぬ病が存在を続けることはむずかしかろう。

現代のキリストを仰《あお》ぎみた私は、キリストの導きに従いつつ、なお機縁の熟さぬ人々の中にあって、祈りの中に医道をさせていただいている。しかし、医学的治療の無力さに、わめき出したいような症例が、いくつかある。そうした中に救いを渇仰《かつごう》している人を見出すときは、あるときは正面から生長の家の教えを示し、そこへ行けと断乎《だんこ》として命令するときもある。あるときは、先に救われた人を紹介して、遊びに行ってごらんなさいという。次々に連鎖して救われてゆく。そしてもう注射も薬もいらなくなった人々が、熱心に生長してゆかれるのである。すばらしい事実を目《ま》のあたりにみる、誠に力ある教えである。

さて、小学校六年になる甥《おい》のことも一言いえば足りる。癒されたのである。体験こそ大いなる力だ。東大精神科で、入院加療しても難治といわれ、親戚一同頭をかかえていた、その分裂症も、一ヵ月たらずで完全に癒《い》えてしまったのだ。「全快おめでとう」の便りに甥は、病気でないのに皆で無理に寝かせたりして、返事の書きようがないと、電話で言って来たのである。これは、神様の返事のようにすら聞こえる。

服部先生の静かに、そして透徹《とうてつ》せる眼光《がんこう》をもって一言いわれる「(病気は)無いんですね、癒《なお》りますよ」これだけでたくさんだ。はじめは、原因を追及せずしてそんな一言で、不平満々であったのに、今はただただこの一言を静かに思うだけでいい。

生長の家の出現によって、過去のあらゆる宗教が、人間の魂にじかにふれるようになった。私は自らの体験を力として、この教えを多くの人に伝えるべき使命があるものと自負する。

服部先生

以上が救われました私の感慨の一端であります。この拙文《せつぶん》の証《あか》しが、さらに次なる人の救いに役立つようにと祈りつつ書きました。これが何にもまさる感謝の表現であろうと思いました。

何とぞ今後とも御指導くださいますよう、切に願うものであります。

昭和三十五年三月八日

横浜市　斎藤忠久（医学博士）

このお医者さんはそれから、「もう薬がいらんから私は医者をやめる」と言われた。しかし私は「あんたが医者をやめたって、人々はまたほかのお医者さんを訪ねて行くから、お医者さんをやりなさい」と言ったら、「先生、何をやったらいいか」というから「胃散くらいやったらいかがですか」「そうしましょう」と言われた。それから一日に百人も患者さんが来るそうですよ。百人もの患者をどうやってさばくかといったら、わけないそうです。「病気は無いんです、大丈夫ですよ、治《なお》りますよ」と私がいつも病人を前にして言うのですが、この言葉を静かに思うだけでいい、というのであります。だから百人くらいわけなしなんです。

さて、それからこのお医者さんの話をしたら道場でそれを聞いて自分の痔が治ったという松尾さんからのお手紙であります。

○

（前略）

さて、たいへんきたないお話で恐縮ですが、私事自分に痔疾《じしつ》が起ったと知ったのは、三十年位前のことですが、その後医者の治療を受けるほどのこともなく、たいした苦痛もなく、過してきたのですが、それがいかにしたことか、約半年ぐらい前から、毎日大便時に大量の出血をするようになりました。私は大便時には簡単な腰掛を利用するため、肛門の位置が少し高くなるので、注射器より出る薬のように飛び出す血が飛散して便器はもちろん、周囲の床までよごすことになります。そこでいつも便器の周囲に新聞紙を敷くのです。時々その新聞紙の上にたまっていることもあるくらいの出血です。しかし、幸い貧血を起すような症状はなく、ただ真っ赤な血の飛散した光景を見る不快さと、後始末をする苦労に悩まされる毎日に閉口いたしておりました。

ところが、忘れもいたしません。今年(三十五年)二月十八日の水曜日です。私は本部小道場で服部先生の御講話を拝聴いたしました。その日のお話は、精神分裂症で物を言わなくなった少年の治療のことで、先生のお話を謹聴《きんちょう》した主治医の医学博士が、自宅に帰って入浴するとき、自分の十五年来の重い痔疾が癒えて、大きな脱肛が消えていることを発見して、驚愕《きょうがく》したということでありました。これを聞いていた私は、〈自分も痔が悪いんだがなあ〉といった気持でした。

その日の夕方、私は大便に行きまして、いつものように新聞紙を敷きました。ところが昨日まであれだけ多量に吹き出していた血が一滴も出ませず、私も驚きましたが、「先生ありがとうございます」の念が湧き出てきました。それから次の日も、次の日も、また次の日も、出血いたしません。もはや二ヵ月以上もたって出血いたしません。(後略)

また、こういう手紙も来ております。

○

　私は二月一日、金曜日に先生のお宅へあがらしていただきました石田清子です。その時私は質問さしていただきました。去年十二月十二日より出血して五十日近くにもなりますのに、血が止《とま》らず、心配で心配で、毎日毎日何も手につかず、腰は割れるほど痛く、下腹は変な気持で痛いし、頭は痛いし、夜は寝ていてもおちおちしていられぬほどたくさん出血して、ラジオの「医学の時間」に聞いた子宮癌《がん》にそっくりの状態なので、私はひとりでに顔色も変るほど心配いたしました。病院に行けばすぐ手術と言われるでしょうし、このままでは死んでしまうだろうし、子供五人残してと思うと、もう悲しくて悲しくて、不安でこわくてどうしたらよいやらと、命も縮むばかりに思っていました時、主人も心配して、口では「今に止るよ」とごまかしていましたが、あまり長いし、お腹《なか》も痛いし、これではたいへんと思ったか、ある日、去年夏一度服部先生のお宅へお話を聞きに行ったことを思い出して、私をつれて行きました。私も一所懸命でした。

　だいたい私は人中《ひとなか》では話のできないたちで、また話し下手なのですが、その日はもう生きるか死ぬかの思いだったので、前の方へ寄って行って思い切って質問いたしました。だが先生は私のこの一心こめた問に簡単に「大丈夫ですよ。止りますよ」と言われましたので、私は「そうですか、止りますか」と言って、「ありがとうございます」と申しましたが、なんだか先生のお答があまり簡単なので、気抜けしたような変な気持で帰りました。

道々、先生には何もかもわかっていられるのでいいけれども、私は何もわからないのだから、もっとくわしく心得を五ヵ条くらい言っていただければ実行しやすいのにと思って、まあいいや、止《とま》らなければまた来週行って今度こそはくわしくお聞きしましょうと思って安心して渋谷駅に着いたとき、私は「あれっ」と思って立止《たちどま》りました。

足が軽い、足がない、あれっ、今まで十一年来坐骨神経痛《ざこつしんけいつう》で、ホームの階段も人に手を引っぱってもらってやっと上ることができた。それがなんだか足が軽い、びっくりして足を見れば、あった、あった、足がある。下駄をはいている、どうしたのかしらん、軽い、軽い、今までひざから下が重くって重くって、引きずって止っていたのに、今まで忘れていたホームも飛んで上れるように軽いし、ひざ小僧も痛まないし、あれあれ、足が治《なお》ったと、私は人ごみの中で思わず笑いました。嬉《うれ》しくて嬉しくて、ひとりでに笑ってくるんです。

私はこの足のことも先生にお願いするはずであったが、二つもあまりあつかましいと思って出血が止ってから次にお願いしようと思っていたのですのに、先生は私が言うこともしなかったのに、先生は神様だからちゃんと足のことも見えていたのだなと思いまして、主人に、「服部先生の家はこちらからどの方面かね」と聞きますと、主人が「どうしたか」と言いますから「いやいや、それはあとで。とにかく方角はどっちかね」と聞きますと、「そうだねえ。こちらの方だ」と指さしましたから、私は人ごみの中で先生の方へ向いて、「ありがとうございました。足が治《なお》りました」と合掌いたしました。

それから主人に話しましたら、主人も、「ほんに、そう言ってみれば軽そうに歩いてるなあ」と驚いて、「服部先生は神様だなあ。おれもお礼を申上げよう」と主人も合掌しました。それからさしもの長かった出血も四日して止ってしまいました。何とも言えないたのしい気持で暮しております。ありがとうございます。

私がこうなったことを目の前で見ていた子供たちも、「服部先生って、神様が人間の姿をしていらっしゃるんだ」と言って、家中で喜んでおります。どうもありがとうございます。悪筆でございますがどうぞお許し下さいませ。

神様の服部先生　　石田清子

ともかく、私がそう話したくらいで病気が治《なお》るということは、やっぱり病気が無いということね。結局、病気は皆自分で治るということである。自分で治るんだけれども、皆さんは科学迷信に陥ってしまって、病気はお医者さんでなければ治らん、薬でなければ治らんというので、一所懸命お医者さんや薬に頼り切るのであります。だけども、何度も申上げますように、生長の家は医者にかかるな、薬を服《の》むなとは申しませんけれども、病気が治るということは、自分の内に治る力があるということです。それを知らなかったら、どれほどお医者さんにかかって薬を服《の》んでも、病気は治らんということになるんではないかしらん……ね。

永遠の「今」を把《つか》む

私が生長の家を知った当時のことです。まだ谷口先生が神戸にいらっしゃいましてね、私の周囲に病気がどんどん治るので、私の家は門前市《もんぜんいち》をなすというようになったんです。夜になりますと、パッカードなどの高級車が二十台くらい、ずらりと並ぶんですからね。

ちょっと壮観ですね。とうとう、無届療術行為の疑いで警視庁から目白署を通して、私が調べられた。

初め、警察から、警部補の方と巡査部長が来て調べた。

「あんたは病気を治しているそうだが……」

「いや、私は病気なんか治していない。ただ病気はないという話をしてるだけだ」

「だが話をして病気が治るなんておかしいじゃないか」

というわけです。それで私は言ったんです。

「いや、ちっともおかしくない。今悲しんで泣いている人は、別に目のところに涙の溜《たま》りがあってその栓《せん》をひねったわけじゃない。悲しみの心が涙をつくり出したのだ。だからその悲しみを和らげてやれば、泣きやむ。簡単にいえば、それと同じ理屈で病気も治るんで、胃病も他の病気も、それ自体があるわけではない」

と話したらその日は納得して帰りましたが、署長に報告したら「馬鹿いえ、君はだまされているんだ」と言われたらしいんだね。次の日またやって来た。それでまた私は説明しました。

「だいたい私たちの体は、ちょうど大宇宙と同じ構成になっていて、大宇宙に起ると同じような現象が小宇宙たる私たちのからだにも起るのだ。たとえば大宇宙において、空気が不足になったところに周りの空気が流れて来て、風が起る。われわれの風邪《かぜ》というのもそれと同じで、不足をもったときに風邪を引く。必ずしも寒いから風邪を引くとはきまっていない。宗教に帰依《きえ》したら心に感謝の気持がおきる。感謝は不足をなくす。不足がなくなると風邪も治《なお》る。……」

そういうような話をしたら、「わかりました」といって帰ったんですが、また翌日来て「どうもわからない」という。それでぼくは、

「それはわからないはずだ。宗教というものは第一に信ずることなのに、君が宗教を調べているんじゃないか」と言ったんですがね。

これは一つの例ですがね、あるとき結核性の痔瘻《じろう》に腸結核に肋膜《ろくまく》に肺にというぐあいに十六の病気があって、左の目が十三年見えなかったという、練馬の福田つぐさんという人が私の話を聞きに来てたんですよ。私はそのとき、借金の話をしていた。貸家があるのに家賃がもらえないという、石井照子さんという人があった。ところが私が、そんな家賃く

れないような貸家なら、くれてしまいなさいとこういって、そんならやってしまおうかという気になったときに、不思議に家賃をもって来てくれた。それは、裁判沙汰にまでして是《ぜ》が否《ひ》でもとろうという心は、自分の心に地獄を描いていたので、それをくれてしまおうかというのは、仏の心です。仏の心になったときに、そこがそのまま極楽になる。自他は一体だから、その心が通ったのです――と、こういう話をしていたのを、その女の人が聞いたんですね。そして、ああ、私は主人が死んでから十五年間、〝女一人〟と世間から馬鹿にされまいと思って、心の中に終始マサカリをかまえてやって来たが、ああ、いいことを聞いた、私もこのマサカリを捨てたら救われるな、と思ったというのです。そしたらその夜、誌友会《しゆうかい》で神想観《しんそうかん》を二十分ほどして目をあけてみたら、十三年間見えなかった目が見えた。翌日気がついたら、十六の病気がコロッと治ってしまっていた。――これなんか、その人も病気が治るとは予期もしてなかったし、私の話も全然病気に関係なかった。病気の治る理論的な話をして治ったというのならともかく、こんなのはいわゆる科学では説明はつかないし、第一私自身不思議に思っていることなんですね。

ともかく、警視庁の方から目白署を通して調べたとき、医学的に不治症《ふちしょう》だといわれた人が二十人ばかり治っている。治った人にどうして治ったか聞いても、わからんという。わかりませんわね、ここに今いろいろ実例をあげたようにね。私がどうしたというのでもないんでしょう。皆、帰ってから自分でビックリするような状態ですからね。そこで、一般の社会通念として、治ったということは治した人があるというように考えるから、私の家に調べに来たわけですね。とうとう、私に、「何月何日午前何時、本署へ出頭せよ。代人を許さず」という呼出《よびだ》しが来た。

そこで私は目白署へ行ったんであります。行きましたら署長さんが、机の引出《ひきだ》しから調書を出しまして、「この人を知ってますか。この人を知ってますか」と二十人ばかりあげた。

「さて、これだけの方は、あなたの家で病気が治ったというんだがね、どうやって治したか」

「病気は無いという話をしたら、勝手に治ったんです」

「そんなバカなことない」

と合点が行かんのですね。「あんたは無届療術行為《むとどけりょうじゅつこうい》だ。本当は摘発《てきはつ》すべきなんだけど、金は取っていないから、摘発はしないけど、これから届《とどけ》をしなさい。届《とどけ》をしたら許可してやる」

私は「いやだ」と言った。どうしてかというと、私は昼間は彫刻をやらなきゃいけません。夜は自分の救われた感謝行《かんしゃぎょう》ですもんね。それを許可なんかとったら朝から人が来るだろう。それでは困るといいますと、「朝から来たら、金をとって治してやったらいいだろう。あんたは病気治しうまいから、一ぺんに五円くらい取れ」というんです。昭和九年ごろのことです。一人五円ずつ取って、百人も来たら大いにもうけますわな。私は「いやだ」と言ったら、「それじゃ、もう話しちゃいかん」という。

「ところがね、署長さん、ぼくの家に『今晩は』といって来ただけで病気治る人があるんですよ」と言ったんです。あるんですからね、実際。しようがない。

「しかし、何でもね、ともかく届《とどけ》をしなさい」というので、私は谷口先生と御相談して、届《とどけ》をしましょう、ということになりました。

そのとき帰りがけに私は考えた。既成宗教家は一体何を説いてるんだろうとね。すると因縁因果《いんねんいんが》を説いている。じゃ因縁因果って何だ。過去現在未来だ。祖先の業《ごう》がこうで、あんたは現在こうで、未来にこうと、過去現在未来、因縁因果応報、どこにも因縁因果を解脱《げだつ》させているところがない。それだったら、お釈迦《しゃか》さんやキリストは犬死じゃないか。ね。しかし、そこに谷口先生の教えの必要があったんだ。そこへ谷口先生がお出ましになったんだ、というようなことを思っていたんです。そして「過去現在未来、因縁因果応報、過去現在未来、因縁因果応報……」言っていると、「今!」ということが私の頭に浮かんで来たのであります。私はその時の感想を『結核に悩める人々へ』の序文に書いているので、ひとつ読ましていただきます。

「既成宗教は因縁因果応報を説いて、いっこう人々から因縁離脱をさしていない。というよりは、因縁を説き、その業縁を摑《つか》ませ、ただその因縁離脱を得るに、供物《くもつ》を捧《ささ》げ宮《みや》を拝し寺に詣《もう》でることを宗教の如くに説き、宗教とはいかなるものであるかを真に説き得ているものが少い。供物を捧げたり寺に詣でるのも一つの信仰であるが、信仰の全てではない。それを全ての如く思うのは迷信であって、本当の信仰ではない。どこにいても神ともだと神仏を拝み得るのが本当の信仰である。」

私たちは信仰を生活にしなければいけない。たいていの人はお宮さん、お寺さんに一所懸命詣《まい》るけれども、そこを出たら人の悪口をいう――と、それではいかんですね。お宮に行かなくたって、お寺に行かなくたって、私たちはここで神様を拝めなくちゃいかんね。もし神様、仏様がお宮、お寺から出ることができなかったら、それは私たちよりももっと不自由な神様ですね。私どもはアメリカまで行けたのに、神様はそこにおらなきゃいかん。そこへ来なけりゃ救ってやらんというのだったら、あまりにも神様はつれない人でございますね。さて、続きを読みますと、

「因縁因果応報《いんねんいんがおうほう》とは心の法則である。心の法則は現象の法である。世人はややもすれば、因果といえば悪《あ》しき事のみに解しているが、善因善果《ぜんいんぜんか》、悪因悪果《あくいんあっか》である。一言にすれば現象は我が心の念《おも》いに対する答《こたえ》である。私は『今』という不思議の光を見た。病める兄弟姉妹よ。病苦人生苦の一切離脱はこの『今』にあるのだ。『今』このまま人間は神の子である、仏の子であるという自覚である。今神の子である、仏の子であると思えば、その『今』は過・現・未を貫く『今』となって、現在という『今』に縁が結ばれ、『今』自分は神の子、仏の子として此《こ》の身そのまま生れ更《かわ》るのである。そして神仏が完全円満であるように、因

縁因果の理法として病苦なき姿が現れるのである。一切の因縁離脱はこの『今』、永遠の今、久遠常住《くおんじょうじゅう》の『今』を生きることによって得られるのである。『今』が一切時《いっさいじ》である。」

この「今」という光を見たときに、谷口先生のおっしゃる「現象なし」ということがわかったのであります。

「現象」というのは皆さん、時間と空間との制約の世界です。時間というのは時の流れですね。こう話していることが、すぐ過去になる。今日はすぐ昨日になる。昨日というものがあるんなら、昨日をここへ持ってくるか、でなければちょっと昨日へ行ってなおしてくるということができればいいんだけれども、昨日はない。過去はない。しかし、その時ね、過去はないからどうでもいい、というのじゃいかん。今罪を犯したらそれはつぐないがつかない。「過去はない」とわかったときに、過去のことをどうしたらいいかというと、どうすることもできんのであります。そこでもし過去において人を責めているならば、その人をゆるせ。自分自身にあやまちがあるなら懺悔《ざんげ》せよ。そして、赦《ゆる》しゆるされたら、「過去はない」と過去から遠離《おんり》せよ——遠く心をはなちなさい、ということです。

また、いろいろと取越苦労《とりこしぐろう》するという未来はあるか、というと、だれも明日を見た人はいない。心配だ、心配だという明日の心配とは何かというと、過去の生活体験を未来にあてはめた持越苦労《もちこしくろう》だ。あの人はあんな病気をしていて死んだから、私も死んだら大変だと思う。みんなひとのことです。それほど心配なら、ちょっと明日へ行ってなおして来るか、明日をここへ持ってきたらいいけど、それはできない。端的に、未来はないということです。それでは一体どうしたらいいかというと、結局は、過去において人を責めていたらそれを赦《ゆる》し、自分自身も赦し、過去がないと遠離したら、過去がないように未来もない。未来の一切の病気、不幸、災厄《さいやく》なし。

では、「今、現在」はどうかというと、「今」と「現在」は似て非なるものです。「現在」というのは、私たちが現象処理の場として持っているものです。この「現在」という場に感情を起す。すんだことでも、これからのことでも、感情を起す。感情を起すと、さもあるかのごとく表現できる世界ですね。ないものはないんだとして、あるものだけを現して行くために現在という場をもっているんだけど、悩んでいる人は、現在の場におらん。きのうの問題を一所懸命考え、あるいは一年前か三年前のすんだことに心をとらえられて、現在という場で悩んでいる。そういう人は、からだは現在の場にいても、心は現在にいないで昨日の方へ行っている。でなければ、明日が心配だといって明日の方へ行っている。昨日や明日に心をもって行っておさめようとしたって、昨日や明日はないからおさめようがない。「五尺《ごしゃく》の体の置き場がない」といって、昨日と明日の往復をやっている。そういう人はいっぺん「今」というところから自分の悩みを検討してみるといいですね。これはすんだこと、これはこれからのこと——過去だとわかったら過去はないんだから、赦《ゆる》し赦《ゆる》され、懺悔《ざんげ》して放す。同じように未来を放し、過去現在未来から飛躍する。これを仏教の言葉でいえば、過去現在未来本来なし、色即是空《しきそくぜくう》、五蘊皆空《ごうんかいくう》と悟ることです。

過去にも現在にも未来にも支配されない「今」に立つ。「今」というのは無始無終の世界です。この「今」に立って私たちは過去・現在・未来を支配する権能《けんのう》をもっているのであります。「今」に立って、過去のことはもうないんだから取消《とりけ》し、未来のことも消し、「現在」もないんだと消す。そして、過去にも、現在にも、未来にもわざわいされず、「今」に立って起す一念がある。「今」に起す一念が、時間・空間の中に展開して現象がつくられる。それが過去になって因縁の因をつくり、今、この身このまま、神は完全円満、仏は完全円満、私たちは完全円満な、幸福な生活ができる。そして、今ここが極楽浄土である。その浄土を実現するのが、私たちの使命なのであります。

「自他一体」を生きる

「今を生きる」というのは具体的にどういうことかと申しますと、生命が生命の目的を生きることなんですよ。それは、皆さん、夫婦喧嘩の目的はと申しますと、喧嘩の目的は勝つこととすぐに思いますけれども、夫婦喧嘩の目的が勝つことにあるとしますと、それは理屈が正しいか、力が強い方が勝ちますよ。勝ったら勝った方はよろしいが、負けた方はくやしいな。一方の目的がかなえば一方の目的はかなわん。自他一体なら、両方の目的がかなわなければいかん。そうすると、喧嘩の目的はというと、勝つことは過程であって目的はちがうんです。目的はいったい奈辺《なへん》にあるかというと、それは結婚生活の陶冶《とうや》にあり、仲のいい幸福な家庭を作ろうということにあるでしょう。それを一方はすんだ過去のことを言っているんだ。そうすると一方は、そんなすんだことを言っては困るといって未来のことを言っているんだ。過去と未来のチャンバラが喧嘩なんですな。しかし目的は、仲よくすることにある。仲よくなったらもう、喧嘩はありませんわな。目的を観じ目的をすぐ生活するんですな。それが宗教です。

谷口先生がお説き下さっている宗教は、即生活です。そこで私たちはその生活をいかにすべきか――それは、宇宙普遍の法則にのっとった生活、自と他が一体であるという自覚を深めないといけない。自と他が一体であるという自覚が深まると、最も合理的な生活ができる。自分が一人の生活をするように、矛盾《むじゅん》なく自と他が一体の生活の合理化ということができる。この生活の合理化が科学となり、教育となり、哲学となる。そしてそれが実生活に行われる時に、政治になり、あるいは経済になり、自然科学、医学等にもなる。科学の目的も人類が幸福で平和な生活をするためにあるんですね。宗教というのは、自と他が一体であるという自覚のもとに高度の生活をすることであるわけです。

神社の前で合掌する、あれは宗教の行事です。信仰というのは一人一宗であります。一軒の家にキリスト教の人がいらっしゃってもいいし、天理教の人がいらっしゃってもいいし、あるいは日蓮宗の人がいてもいいでしょう。キリスト教では「天にましますわれらの父よ」と言って、偶像崇拝を排斥しますが、お宮をそこに置いたから偶像というのではなく、「天にまします神」というのが偶像のような信仰だったら、これも同じことだと私は思いますよ。

ともかく神仏の前で皆さんが合掌する。こうして合掌して、まさか「バカヤロウ」「コンチクショウ」はないはずです。争っていた人が仲なおりするのに、仲裁にはいった人が「手打ち」をしますね。手は右と左は反対ですな。反対だからってこれがお互い自分の立場を主張してゆずらなかったら、永遠にこの手は合わん。それを合せるのです。神仏の前で合掌すると、どんな場合でもスカッとやましい心が消えてしまう。今の自民党も社会党も、ひとつこうやって合掌してやってほしいですな。生長の家の信徒《しんと》行持《ぎょうじ》要目《ようもく》で、「そのままの心を大切にすべし」と唱えますが、私たちは合掌して美しい心でそのまま生活する、それが宗教です。それが本当にできますと、病気や不幸というものがなくなる、というよりは、はじめから存在しないということです。

それでは「自他一体」の証明をしてみい、といって一体できるかなあということですなあ。私たちは、親子は一体だ、夫婦は一体だというが、いまだかつてその一体であるというのを証明してくれと言った人はないはずです。これはとうてい証明しようったってできない。そこでそのまま私たちは鵜呑《うの》みにしているのね。自覚というのはね、証明を用いずして了知《りょうち》する、というのが自覚ですな。八紘一宇《はっこういちう》、四海同胞《しかいどうほう》というのもこの自覚です。

かりに私という一個の人間の各部について「自他一体」を説明しますと、「ごちそうができたよ」ということを聞きますね。そうしますと、私の足は疲れていても体全体をそのごちそうの場へ運んで行く。眼がそれを見ると、「えらいごちそうだ。私はごちそうをいつも見るだけでいっぺんも食ったことない。口ばっかり食べて損だなあ」という。鼻は、「私はちょっとにおいを嗅《か》いだだけで、私の前はいつも素通りだ。」手は、「私はいつもごちそうを口まで運んでやって、いまだかつて一粒のごはんもごちそうになったことない。」耳は「私は、ごちそう、ごちそうって聞いているけど見たことない。」——みなさん、足はどうでしょう。足はいまだかつてごちそうだって見たことない、においをかいだこともない。それでお腹がすいたときには体全体をそこへ運んで行く。何も楽しむことはなく、献身的に尽しているけれども、いっぺんも足を上位に置いたということがない。いつも尻の下に敷かれている。それでも足は「これほど皆さんに協力したけど、いつも尻の下にしかれて」なんて文句を言わない。しかし、足が動かん限り、全体があっちこっちに行けないとするなら、足はすべての支配者にもなっているということではないかと思うね。その場合に、それぞれが意見を出して、「口ばっかりごちそうを食べて」と言って口を排斥するようなれば、おそらく口は言うでしょう。「それでは、私はもう食べない。これからストをやろう。そら、耳よ食え、鼻よ食え、眼よ食え」と言いだしたら、たいへんだと思いますね。私たちの体のどこ一つも切って捨てることはできない、そのように私たち三十億の人類のだれ一人も切って捨てることはできないのだということを知らなければなりません。宗教は自他一体の教えであります。

宗教の極意はここにある

皆さん、生長の家の極意は、『甘露《かんろ》の法雨《ほうう》』の最初に書かれていますね、「七つの燈台の点燈者《てんとうしゃ》の神示《しんじ》」の中にね。「汝《なんじ》ら天地一切のものと和解せよ」という和解の神示。その「和解する」ということは「感謝する」ということだと書いてある、それが極意ですな。本当に感謝ができるようになれば、価値ある生活ができるようになる。

昔から、「猫に小判」という諺《ことわざ》がある。猫は、どれほど小判を積んでやりましても、それは感謝がないから値打がなく、一文にもつかない。感謝をすると、そのものの値打が出る。その値打のもとはいったい何か——金とか物とか、それは私たちが払った生命に対する裏づけですな。その値打を知るものはやっぱり感謝です。だれかが紙を一枚くれたとき、「なんだ、紙一枚くらい」という場合にはなんらそこに値打がない。その紙一枚でも「ありがたい」と思ったときに、千枚、万枚とおなじ値打が出てくる。値打を知ることができたら、値打のあるように生かされる。感謝というのは、絶対価値の認識である。宗教は、感謝に始って感謝に終るわけですね。

ところがその「心」の問題であります。宗教は即生活。お釈迦《しゃか》さんは「天上天下唯我独尊《てんじょうてんげゆいがどくそん》」自分の立ったところが宇宙の中心である、東西南北本来なしと言われた。せんだって私の家内の妹が、「兄さん、わたし家を買うので、お忙しいでしょうけどちょっと見てくれませんか」というので、見に行ったところが、つまらん家なんです。「こんな家、買ったってしょうがないじゃないか。こんなんだったら、ぼくの方にもっといい家があるよ」「ところが兄さん、わたし易者《えきしゃ》に見てもらったら、方角が、ともかくこっちの方がいいんだって」「こっちって、どちらだ」「私は西の西の西の、西へ行くほど今いちばんいいんだそうです」「そうか。それだったら、ぼくの方に来ないか」「だって、兄さんとこは東……」「西がいいんだろう。だったらぼくのところへ来なさい。地球は丸いんだから、西の西の西の、いち番西じゃないか」と言ったんですがね。

東西南北はもともとないもの、自分が立ったところに東西南北を立てているんですね。ではその自分とは、この肉体が自分かということ。神様につくられた自分とはいったい何か。神様につくられた自分とは、心でありますね。神様は宇宙の一切をお持ちになっていらっしゃるので、私たち人類三十億（編註・二〇一七年現在で七十六億人）の一人一人に宇宙の一切を満ちそなえて生命《いのち》の生みなしをされたのであります。一切《いっさい》であって、一切《ひと》れ《き》ではありませんよ。すべて、無限ですね。私たちは宇宙の一切をもっているから、各自が男であり女でありながら、そのまま自由自在で、平等であるということです。各自が宇宙をそっくり持っている。この辺からこの辺までという限りあるものではありません。

いま、私が何千億円のお金を銀行に預けていて、その通帳を持っているとします。私はこの通帳に関しては、いくら引き出そうと意志の自由をもっていますね。かりに私が百円と書いて出せば、百円出してくれる。それでもあんたは何千億円あるんだから、まあ一千万円出してやろうとか、あるいは百万円やろうということはないね。こっちが書いて持って行っただけしか、払い戻してくれない。これが宇宙の法則ですね。

神さまは、宇宙をそっくり持っていらっしゃるんでしょう。そっくり持っていらっしゃる神さまが、一人一人にそっくりくれると、鉢合せしはしないかと御心配の方もいらっしゃるでしょうけどね、けっして鉢合せしない。それは、太陽系統が何万年運行していてもけっして鉢合せしない、その通りです。神さまは宇宙をそっくりくれるというのは、どういうようにしてくれるかというと、私たちは、持っとると自由だと思うけれども、これは思いちがいですね。私は、だれにも「服部、お前白墨《はくぼく》を持って説明せい」といわれておらん。それをただ私が「白墨を持って皆さんに説明する」というので右の手に白墨を持っている。だれが私を制約したか。私が制約したんですね、皆さん。すると、私はもっとたくさん持てる力があるのに、これだけしか持てん。そこで皆さん、持たないということがいちばんいいのであります。それを私たちは、この現象の世界では自分で自分の自己制約をしているんでしょう。そして、なんの自由自在平等があるかということです。五尺《しゃく》何寸《ずん》という肉体の制約、そして私は男だ、私は女だということも自分で自己制約しているんです。それはそれだけに制約しているから、それだけの自由がある。

神様は宇宙をそっくりくれて、けっして私たちの自由を束縛しない。そっくり預ってくれているんですね。銀行に金を預けますと通帳をくれますが、神様はそっくりくれてそっくり預って、どういう通帳をくれたかというと、「心」という通帳であります。この「心」という通帳には、男もなければ女もない。『生命《せいめい》の實相《じっそう》』に、人間は死んで霊になったら、男も女もないと書いてある。神様の通帳にも男も女もないんですよ。そしてこの通帳は、自他一体のただ一つの通帳であります。この一つの通帳から、私は彫刻家だという自分の使命感をもって、彫刻を引き出す。ところが私がいくら彫刻を作っても作っても、これは減りはしない。作るほどふえているんですね。みんなそれぞれがそれぞれの与えられた職場で、力いっぱい生産をして行くならば、どこも減りはしない。これが本当にわかったら、およそこの世の中に、搾取《さくしゅ》するとか、搾取されるということはないということを知らなければなりません。

神様はそっくりくれて、そっくり預ってくれている。この通帳はですよ、戦災で全国各地の都市が焼けたって、このように復興してきたのは、この通帳が焼けなかったからです。災禍《さいか》にあって無一物《むいちぶつ》になって、この通帳をいっぺんもひろげてみない人がある。そっくりしまいこんで、「もうだめだ」というような人もある。今からでも遅くはない、もしそういう人がいらっしゃったら、その通帳からいくら出しても減らないんですよ。神様のつくった世界は、けっして出したら減るということはない。

この通帳は自他一体のものですね。自と他が一体であるという自覚を深めて行きますと、自分というものの使命を感ずる。そして、人間のからだで言えば、眼は眼の役をするため、鼻は鼻の役をするため、口は口の役をするため、私たちは合理的な生活をする。現象世界は有限の世界ですね。有限の世界で、無限の自由を求めるというのはおかしい。これは自己制約をしているのであります。

お釈迦さんはこの世界について、「三界《さんがい》は唯心《ゆいしん》の所現《しょげん》である」と言われた。生長の家ではこれを「心の法則」と言いますね。既成宗教家にお説法《せっぽう》をきくと、因果律《いんがりつ》ということを言います。因縁因果《いんねんいんが》ですね。私はどういう因縁か、とか、どうして私はこういう因果でしょう、どうして私はこんなに業《ごう》が深いのでしょう、などという。この因果の法則というのは、昧《くらま》すことはできない。皆さん、よくいうように「蒔《ま》かぬ種は生《は》えない」だれも知らんだろうと思ってやったことが、自と他は一体ですから必ずだれかに知れる。「悪事千里《あくじせんり》」とも言いますな、皆さん。かくそうたって、かくせない。お米を蒔けばお米が生える。そのお米は、食べればなくなる。そういうようにして、現象というのはまた、なくなって行きよる世界ですね。この世界は仏教では、業《ごう》の流転《るてん》の世界という。業は業のもつ因果の法則によって、業自身が流転して本来の無に帰って行く。それはそれにまかせることです。

すべての争いをやめて、自と他が一体だということがわかったら、心というのはさっき申しましたように、男もなければ女もない、神様の通帳は一つなんです。お互いが無限を持っている、そこにお互いが自分を振向《ふりむ》ける。これを廻向《えこう》と申します。これが即身成仏《そくしんじょうぶつ》――この身このまま仏ですね。私たちは五尺何寸というようなチッポケなものじゃないですよ、皆さん。宇宙いっぱいに偏在《へんざい》する、その自分を男にし、女にし、そうやって縛っていた。その縛りを解きまして、もうひとつこっちへもってきて、この「有限」というのを見なおす。私は男だ、私は女だ、親は親であるし、子は子、夫は夫、妻は妻と、そこにはおのずから秩序がある。その秩序に従った生活が、自と他が一体で、「差等《さとう》ある平等」

の生活となる。そうしますと、現象と実相が別々でなく、現象即実相となる。これが生長の家の生活です。

ところが、私たちの病気や不幸は一体どこから出てくるか。私たちは自己制約している肉体の自分をもって、自由自在平等をあこがれ、あれもこれもたくさん自分が持ちたいと思い、物に対する執着が出てくるからであります。体に執着をいたしますと、体は病気になる。現象を実在だと思う思いちがいからそういう不調和な世界ができる。つねに生活を、正念《しょうねん》をもってすることですね。すると妄念《もうねん》がなくなって、執着がなくなる。私たちは宗教生活がそのまま目的です。病気治しが目的でもなんでもないんですよ。結局私たちは、本当の生活ができたら、病気がなくなって、不幸がなくなる。病気や不幸はだれがつくったかというと、だれもつくらない。それは思いちがいなんですね。

芸術家はやはり神さまに作られたいのちそのものを見なくてはいけません。

私が美術学校へはいりました当時、先生が「芸術というのは自然を写すんだよ」といわれた。そこでモデルを使って、一所懸命胸像《きょうぞう》を作った。モデルそのままにきちんと作って、コンパスではかってみたら、寸分ちがわない。

「先生、どうでしょうか」と言って見せたら、

「うーん。なんだこれ、写真みたいだね。こんなものは芸術じゃない」と言われた。私は自然そのままそっくりに作ったつもりだのに――と先生のいうことがわからなかった。本当にそっくり、測量屋《そくりょうや》さんのようにちゃんと作ったのに。

「先生、芸術というのはどんなんですか」と言ったら、マチスの絵を見せられた。

　子供のかいた絵に少しヒゲがはえたようなものですね。これが自然か、と初めはわからんかったね。それから胸像では、ロダンの鼻かけの像なんかを見せられた。これは安物を買って鼻を落したような――これが自然か、とわからない。ところがだんだん勉強をして、物の見方がわかるようになった。

　私たちがふつう物を「見る」というのは、「見物《けんぶつ》」の方で、外見《がいけん》を見ている。角度でいえば、一八〇度と申しましょう。「観察」の「観《み》る」というのは、見通す方です。月ロケットを向うへ飛ばして、月の向う側を写して見る、なんていう手間をとらない。私なんか、ひとさまの肖像《しょうぞう》の彫刻をたのまれて、写真一枚しかない。うしろがわからない。そ

れでも作ったら、うしろから見ても、「どうしてこう頭のかっこうがよくわかったんでしょう」といわれる。これは見通す方で、角度で言えば三六〇度の観点と言いましょう。そうすると、宇宙がそっくりそのまま見えます。さて、宇宙には、ただ一つのいのちがあります。あなたのいのち、私のいのちって別ではないんですよ。ただ一つのいのちの中から、私なら私の肖像を作るのに、タテ・ヨコ・厚みこれだけのものとして三次元の世界に表現される。芸術は、いのちをそっくり表現することですね。神さまの作った世界、生命の実相を表現することです。

芸術家が物を見るのは、見物の「見る」、観察の「観る」をさらにこえて、物のいのちの中にはいって、いのちを摑《つか》まなければならない。詩人が詩《うた》をうたい、絵かきはきれいな花を描く。花が花のいのちをよろこび歌っていると、自分のいのちが花のいのちとひとつになってよろこんでいる。「花が自分か、自分が花か」自分が咲いているのか、花が咲いているのかわからないというような、主客合一《しゅかくごういつ》、自他一体の境地に入る。そのとき、芸術家の心は宇宙普遍《ふへん》の心、すなわち神様とひとつになっているから、絵も詩も、また第三者のいのちをゆさぶるような感動を移す。それは、だれにも共通のいのちをゆさぶるので、だれにも激しくうったえる。それが、よい絵や詩である。これは七二〇度の観点と申しましょう。

そのまま素直に受ける

皆さん、病気を治《なお》すのも、この「いのち」であります。薬は効きますがね――熱さましを服《の》んだら熱が下る、痛み止めの注射をすれば痛みが止る、眠れない人が睡眠剤を服《の》めば眠れる――これは薬が効いたというのであって、病気が治ったというのとはちがう。わかりやすく言えば、「私、ゆうべ眠れなくて、睡眠剤を服《の》んだらよく眠った。今夜も服《の》まなきゃ眠れない」というのだったら、きのうの睡眠剤は効いたんで、今夜はまだ効いてない。薬は効くけれども治さない。病気が治るのは自分の中の生命によるのです。

何でもお医者さんと薬が治してくれると思っている人が多いが、そうじゃない。たとえば盲腸の外科手術をやって、「私、治った」という。その人のお腹をもう一ぺん切ってみて、盲腸があるかと見たら盲腸はなくなっている。治ったというのは、切開口が癒着《ゆちゃく》したということだが、癒着したのはお医者がやったことではない。患者の生命がやったことである。手術をすればお医者さんは悪いところは切りますよ。しかしそのあとを治すのは自分で治す。それくらいのことがわからないようでは科学迷信、医学迷信ということになります。私たちは皆、自分自身の内に治す力があるのです。

では宗教の迷信はと言えば、〝かなわぬ時の神頼み〟とばかり、拝んでばかりおったら病気が治ると思うのが宗教迷信であります。

病気というのは、ちょうど鏡の前に立って自分の姿を映している影のようなものです。鏡に映っているようすは、自分という肉体のようすである。喜怒哀楽《きどあいらく》は心です。それが、鏡に姿を映すように、自分という体に喜怒哀楽という表情が出ているのを見ているのです。鏡に映ったようすをなおすにはもとの姿をなおせばよい。肉体のようすをなおすには心のようすをなおせばよい。心のようすをなおさないで病気が治るかというと、そうはいかんわけです。心のようすが体に映っているんだということがわかれば、肉体の上には、器質的《きしつてき》なものであろうと神経的なものであろうと、病気の実体はないということです。肉体はその人の喜怒哀楽の表情がそこに出るように、みんなその人の心がそういうようすを作っているんです。

近ごろよくある、ノイローゼで眠れぬという人でも、実際はいびきをかいたりしてよく眠っているのです。眠っていても、眠っていないという夢を見ているんです。ある御婦人が、「実はけさ主人に『私ゆうべちっとも眠れなくて苦しくって苦しくって……』と言ったら、『うそつけ、お前はえらいいびきをかいて寝ていたぞ。わしの方がうるさくて眠れなくて、お前の鼻をつまんでも起きなかったじゃないか』というんです」と言われたことがあります。いびきをかいている人は口をあけて寝ているのですから、鼻をつまんでも大丈夫なんですね。ともかく、寝ていても寝ていないという夢を見ているんです。

およそ病気なんかも、だいたいに、白昼夢《はくちゅうむ》みたいなものだと思います。いっぺんその夢をさませばいいんだと思います。

私は昭和八年に瀕死の重病から起ち上ってから、もう病気というものに恐怖がなくなったわけですね。人間は病気では死なない、ということがわかった。もうひとつ私、その後わかったことは、人間は生きているあいだは決して死なんということであります（笑）。生きているあいだは死なんということがわかっているのに、どうして生きているあいだ死の恐怖で心配ばかりするかなあと思います。死の恐怖ばかりか、死んだ後の心配までしている。どれほど心配してもむだなのにね。

病気は決して命をとらんのですよ。死ぬ人あるじゃないかというが、あれは寿命ね。なにしても、生きてる間は死なん。


先日私が静岡へ行きましたら、ある八十になるおばあさんが、

「先生、生長の家では何でも思うとおりになるそうですね。私は十六の時にタバコを始めて、タバコは悪いからよそうと思いながら、どうしてもやまらないで、だんだんふえてきた。いま八十になるのにまだ、やめられないんですが、どうしたらやめられますか」

というんです。そこで私は、

「おばあさん、タバコやめたい思うとるんかね」

「うん、やめたい思うんだ」

「それじゃいかん」

「どうしたらいい」

「やめたらいい」

「ああ、そうか。やめたらいいんか」

皆さん、夫婦喧嘩も同じことで、「やめたい」ぐらいではやまらん、仲よくしたらいいんですね。

「酒飲むの悪いからやめよう」と思っても、もう一杯飲んだらやめよう、もう一杯飲んだらやめようと続くでしょう。やめたらいい。これがいちばん楽でしょう。

その静岡のおばあさんは、その晩寝てから、夜じゅう寝言を言ってたそうです。ほかの講師が隣の部屋で寝ていて聞いてた――「うん、〝やめたい〟じゃいかん、やめるんか。やめたらいいんか」そう言っていて、とうとう朝になった。するともうおばあさんはすっかりタバコがやまっちゃった。

私、バンクーバーへ行きました時に、そこの白人が私に、

「先生、私は腹が立って腹が立ってしかたがない。どうしたら腹が立たなくなりましょうか」というので、

「あんた、〝腹が立つ〟ってわかりますか」

「わかる」

「そう、それじゃ腹を立てなきゃいいじゃろ」

「サンキュー」

それでいいんですね。みんな、むつかしく考えるからいけないんです。

「病気ない」ちゅうたら病気ない。「幸福だ」ちゅうたら幸福だな。宗教をそんなにむつかしく考えないで、あたりまえのことをあたりまえに受けて行ったらいいんであります。

○

【自然流通《じねんるつう》の神示】

「生長の家」は奇蹟《きせき》を見せるところではない。「生長の家」は奇蹟を無《な》くするところである。人間が健康になるのが何が奇蹟であるか。人間は本来健康なのであるから、健康になるのは自然であって奇蹟ではない。「生長の家」はすべての者に真理を悟《さと》らしめ、異常現象を無《な》くし、当り前の人間に人類を帰らしめ、当り前のままでそのままで喜べる人間にならしめる処《ところ》である。あらゆる人間の不幸は、当り前で喜べない為に起るものであることを知れ。当り前で喜べるようになったとき、その人の一切の不幸は拭《ぬぐ》いとられる。病気もなければ、貧乏もない、また搾取《さくしゅ》された富もなければ、搾取した富もない。蹂躙《ふみにじ》られた弱者もなければ蹂躙《ふみにじ》った強者《きょうしゃ》もない。唯《ただ》、一切が渾然《こんぜん》として一切の者が富んでいる。此《こ》れが実相《じっそう》である。大いなる生命の流れが一切者《いっさいしゃ》に貫流し、とどまらず、堰《せ》くところなく、豊かに流れて、ものの供給もおのずから無限である。一切のもの必要に応じて流れ入ること、一つの大河の流れより水を汲《く》みとれば、隣の水来《きた》りてその虚《きょ》を埋《うず》めるのと同じさまである。流通無限、貧に執《しゅう》せざるが故に貧とならず、富に執せざるが故に他を搾取せず、流通せざる固定の富なきが故に、みずから豊富なる供給の流れを受くれどもそれを占拠せず、執着《しゅうじゃく》せず、来《きた》るに従って拒《こば》まず、受けて更《さら》に価値を増して他を霑《うる》おす。自給自足などとは自他に捉《とら》われた狭い考えである。自他は一つである。「生長の家」は自給他足、他給自足、循環してとどまらず、大実在《だいじつざい》の無限流通の有様を見て、その有様の如く現実世界を生きるのが現実界の「生長の家」である。貧に執《しゅう》する聖者も、富に執する富者《ふうじゃ》も、「生長《せいちょう》の家《いえ》」人《じん》ではない。当り前の人間を自覚し、当り前に生きるのが「生長の家」の人である。「当り前の人間」が神の子である。皆《みな》此《こ》の真理を悟った人が少《すくな》い。「当り前の人間」のほかに「神の子」があるように思って異常なものを憧《あこが》れるのは、太陽に背を向けて光を求めて走るに等しい。

皆の者よ、人間の生命の実相を悟って病《やまい》が治《なお》るのは、病念《びょうねん》と云《い》う異常現象が止《や》んで、人間が本来の自然に帰るからである。異常現象はすべて病気の一種である。貧しさも異常現象であるから、人間の心が自然に還《かえ》ればなおるのである。異常現象のなかに神があると思うな。そこには好奇を喜ぶ不自然な心があるばかりである。怒《いか》り、憎しみ、恐れ、嫉《ねた》み、他を蹂躙《ふみにじ》って打ち勝ちたい心——すべて是等《これら》は異常な心であるから病気の因《もと》である。異常な心を去れば病気も貧しさも治る。当り前の人間になることが大切である。当り前の人間のほかに神の子はない。(昭和八年一月二十五日神示)

——谷口雅春著　新編『生命の實相』第5巻

第三篇　生いたちから廻心《えしん》まで

〝奇蹟〟の人服部仁郎氏。服部氏は非凡な凡人であったといえよう。

金剛石《こんごうせき》も磨《みが》かなければ光を発揮しない。鉄も鍛《きた》えなければ名刀はできない。

服部仁郎氏は生長の家の教えに触れるや、たちまち瀕死の病《やまい》からたち上るとともに、多くの人々にその悟りを伝え、新たな〝奇蹟〟が次々とまき起って行ったが、ここに至るまでには幾多の困難な境遇をのりこえて来た服部氏自身の魂の勝利への道があった。その生いたちから、生長の家の教えに触れるまでのことについて、昭和三十六年に数回にわたり服部氏の口述を録音、再生し、文章にまとめたのが、次に掲げる半生の自伝である。

一

私は明治二十八年十一月十三日、徳島県の貧乏士族の家に生れた。長男であったが、三番目に生れたので、仁三郎《にさぶろう》と名付けられた。

幼いころの記憶では、家に長持《ながもち》があり、鎧《よろい》や甲《かぶと》があった。しかし小学校へ入ったころには、鎧も甲も見えなくなった。私は家が狭くなったので、よそに預けたのだろう、くらいに思っていたが、実は家の貧乏がひどくなって、手放したのだった。その貧乏のどん底で母は亡くなった。私の八歳のときだった。

父は服部家に養子に来た人で、父の話によると商売するつもりで家屋敷をすっかり売り払い、父の郷里の香川県へ引きあげた。しかし、もともと商売の経験のない父はすっかり金をつかい果《はた》して、また徳島へ帰ってきた。はじめ呉服屋をするつもりで二階屋を建てたが、建ち上った日に竜巻にあい、家がぐるぐる廻《まわ》って完全に壊れてしまった。材木がねじれて、一本残らず使えなくなり、完全に起《た》ち上る力を失ってしまった。母はその不幸つづきの最中に亡くなったわけである。

その後父は、瓦焼きの職工をして生計をたてていた。私は生れた家を去って第二の故郷、板野郡堀江《ほりえ》に移った。堀江の南校は賀川豊彦氏や新居格《にいいたる》氏の出身校であり、北校は、元京都帝大総長の鳥養利三郎《とりかい》さんが出た所で、私はその鳥養さんの家に寄留して、同じ小学校を出た。

先年、子供をつれて田舎へ帰ったとき、「ここにお父さんの友達の家があったんだよ」と話していたら、ヒョッと頭を出した人がある。「ここに安一《やすいち》さんという人がいなかったかな」ときいたら、「それは僕だ」という。六十年前の友達だから、お互いに見覚えがなかった。そこは私の父が、八歳の私と四つの弟を置いて仕事に出かけていた関係上、家賃はたまる、生活費はなし、という状態で、二人で留守番していた思い出の家だった。当時の私の家の状態を、もう少し詳《くわ》しく話すと——

服部家は代々男の子がなくて養子がつづいた。しかもその養子が、女の子が生れると実家へ帰っている。不思議なことだが、どの養子婿《むこ》も、実家の跡をつがなくてはならんような状態になってしまったらしい。だから私の父も姓が違っている(四宮)が、実家を嗣《つ》ぐのがいやだというわけで、実際には服部家をついでいた。

そういうわけで、私の小さいころ「服部家は男の子が育たないんだ」と皆が暗に私の前途を不安がって言うのをよく聞いたが、私はひとり「僕は育つよ」と断言していた。それをまた父が「仁三《にさ》はああ言うけど……」と人に話していたが、本年六十七歳、見事に育ってきた。また私の男の子も三人とも無病息災、すでに五人の男孫がふえている。（編者註・昭和三十六年のことである）

私の三人の姉のうち一番上は父の連れ子で、その義妹《ぎまい》の母が病死して父が服部家へ養子に連れて来たあと、二人の姉につづいて三人目に私が生れた。それで長男ながら仁三郎の名がついた。

二

八歳で母が亡くなって父は義理の母を迎え、義理の弟が二人いた。しかし私は小さい時から兄弟ゲンカをしたことがないので、上の姉や下の弟が腹異《はらちが》いの義理の姉弟だということは誰もしらない。私が真中にいて、仲よくとりもって来たから、真実の兄弟のように育ってきた。

そうするとおばあさんが、まま母の話を教える、というよりまことしやかに、同情的に話してくれる。

「まま母というものはね、ほんとの子を非常に可愛がるもんだ。まま子には袋の底のないのをもたして栗拾いにやる。自分の実子には底のあるのをやる。自分の子はすぐ栗を拾って帰るが、まま子は栗がたまらんから帰れん」

しかし私は、小さいときから普通の子と物の考え方が違っていたらしい。

「おばあさんね、そんな馬鹿な奴あるか。僕だったら笹を折って、袋の底を笹で縫って栗を拾ってゆくよ。足りんところは懐《ふところ》へ入れてゆく」

するとおばあさん、

「まあまあ、仁三郎、お前のような子供だったら、腹立たんわ」

こんなにして育ってきた。私自身、義母の仕打を苛酷《かこく》であるとは解していなかった。

そのころのこと、まず小学校から帰ると、家族五、六人の草履《ぞうり》を作る。それから一里も先の山へ柴刈りに行く。小学校四年のとき、すでに大人と同じ位の柴を刈って来ないと叱られた。三時か四時に学校から帰って山へ行くと日は暮れるし、山には二、三匹の猿が始終みえる。そこで私は友達をつれていった。友達は柴を刈れないから私が刈ってやって、私はまた自分の分を刈る。そうすると帰りが遅くなるから、友達のお父さんが迎えにくる。それをあてにして、柴刈りをした。

とにかく自分の生活、自由な時間はなかった。けれども私はちょっとも、義理の母に反抗するということはなかった。〝まま母文学〟はまちがっていると、小さいときから解釈していたから、世間的にみたらかなり苛酷な生活の中に、少しも、義母が苛酷だということを感じなかった。一面、私は小さいときから仕事が好きだったので、少年には荷の重い仕事も、少しも苦にならなかったのだと考えている。

そういう家庭の事情から、少年のときから〝人間は働いて生活しなければいけない〟という信条をもち、働くこと第一に生きていた私は、反動的に〝ものを言うこと〟がいやだった。というのは、母たちのいわゆる井戸端会議など聞いてると、十の話のうち一つが用事で、あとは人の悪口ばかり、もっと余計しゃべると、ほとんどが悪口になる。私の田舎ではくんだらということがつまらんことだという自意識ができた。自分が話をするのに何も悪口は言わないんだが、悪口を言うような恐怖心ができて、私はものを言わなくなった。ただ黙々として働いた。それで小さいころの私は、色が赤黒くてものを言わんから〝金仏《かなぶつ》〟と言われた。

そこで私は、ものを言わずに自分の生活のできる方法を考えた。

一時は歴史家になろうと考えて、かなり研究したことがある。彫刻家になる二十歳前後のことだった。そのときの私の研究――『わらじの起源』や『埴輪《はにわ》の話』を論文に書いて、国学院大学を卒業した友人もある。

他人《ひと》と話をしないで、自分ひとりで研究しながら生活してゆきたい、と小さいときから念願していた私は、少年時代はしきりに絵をかいて、日本画家になろうかと思った。幼稚な考えで、いくら絵描きになっても人と交渉なしには生活できないのに、一所懸命で絵をかいていた。

ある朝――五、六年のとき――学校へ行ったら、皆が私の絵をもって「服部は手本を写した」といってさわいでいる。「僕は写さんよ」と言ったら、先生の所へもって行ってしまった。やがて「服部、ちょっとこい」と先生に呼びだされた。

「お前、先生をだまして、これを写したろう」と言う。私は知らなかったが、私の描いた絵を手本に合せると、ピッタリ合う。

「写しとるじゃないか」

「いや、私が見て描いたんです」

「いや、描いたらこんなにチャンとうつるように描けるはずがない。たしかに写した。白状するまで、ここに入っておれ」

とうとう機械室につめこまれて、帰してくれない。私は早く帰って山へ行かなければ、母に叱られる。そこでまた考えた。これからも絵をかいていると、たびたび先生に機械室につめこまれて帰してもらえない。そうなると、「お前は山へ行かなくていいというので、わざとそんな絵をかいて、残されるのだ」と母に責められる。好きな絵もかいておれない。――それじゃあ、私は彫刻をやる。彫刻だったら、写すということができないから、責められることがない――子供心にそう考えた私は、それから、彫刻に方針を定めた。

彫刻のヒントは、父が瓦作りをしていたので、造型芸術というものが、子供ながらわかっていて、自然と自分の道を定めることになった。しかしその当時は彫刻をすると「デコ」造りかと父にずいぶん叱られたことがある。（編註・「デコ」は土偶《でく》人形のこと）

こうして小学校を卒業したが、その間、私が姉の赤い裏の着物をきて通学した話は、今でも土地の語り草になっている。貧乏で自分の着物を作ってもらえなかったからなのだが、そのことを気にもしないで、赤い裏のついた姉の着物を着ていた。よくもまあ劣等感も感じないでいたものだが、そういう事は私は案外無頓着《むとんちゃく》だった。

四、五年前（昭和三十一年）、田舎の中学で講演をしたとき、校長さんがしみじみ言われた。

「あんたは小さいとき、ずいぶんご苦労なさったようだな。私は今度こっちへ赴任《ふにん》してきたから、あんたの生いたちは知らんけれども、学校の記念日に、服部さんの〝生いたちの記〟を五幕ものの芝居にしたのをみた。その中で、まま母が着物を作ってくれなくて、赤い裏のついた……」

とうとう学芸会の芝居にまでされてしまった。この間は、徳島に博物館ができたとき彫刻を一つ寄付したところ、新聞にこう紹介してあった。

「服部さんは赤い着物をきて小学校を卒《で》た」

徳島の伝説になっているらしい。

三

小学校の卒業式から帰ると父が「仁三郎、ちょっと来い」という。行くと、「そこへ坐んなさい」といって話されたことは――

「お前の友達はこれから中学、高等学校、大学へやってもらう人がたくさんいるな。わしも親の義務として教育してやりたいけど、小学校がや、っ、と、だ。しかし、上の学校へ上げてやっても、くれることのできんものがある。それをお前にやる」

私は考えた。父はよく〝刀は武士の魂だ〟と言ってたから、小さいとき長持《ながもち》の中にあるのを見た鎧《よろい》や甲《かぶと》か刀をくれるのかなと。が、父の話はちがった。

「人間は〝心〟である。これをお前にやる。これさえもっておったら、お前はどこにおっても人の頭《かしら》になれる。頭になるには、頭《かしら》になることを忘れてはいかんよ。……お前は家が貧乏だから、瓦焼きの職工になりなさい。他の人は今から兵隊検査まで五、六年やって一人前になるのが普通だけども、〝子を見るに親は一番よく知っている〟。お前はああいうことは半年で一人前になれる。」

友達が勉強するというから、こっちもしたいが、父親に「半年で一人前になれる」と言われてやり始めて、本当になってしまった。やがて十六歳くらいの私の腕一本で、一家九人を養うことになった。

たびたび我が家の楽屋ばなしで恐れいるが、もう一つだけ申上《もうしあ》げると――義母が、ヘソクリが出来ない、私の働きが悪いといって、あまりに私を責めるのを見かねて、父が母に別れ話を出した。

父は世間の人から、〝おてんとうさん〟と言われたくらい、太陽と共に起き、共に一日を働く。目が覚めたら働いている人だった。だから子供の私にも、夏でも冬でも、日の出前に朝食をすまして、仕事にかかっていないと機嫌が悪い。仕事場の荻原は三里あまり離れた所にあったが、自転車でもなく毎日歩いて通った。今はその間に駅が三つできているが、冬など日の出前に仕事場に着くのはなかなか骨だった。しかし小学校のときもそうだったが、それをぐち一つ言わずに、文字通り黙々と家のために働く私がいじらしくなって、みるにみかねた父がまま母に抵抗したというわけだ。

しかし母は別れ話に応じない。そこでやむなく父が出ていった。父が家にいなくなれば、母が実家に帰るだろうと思ったのだが、母は居坐って帰らない。そういうわけで長男の私に、一家九人を養う責任がかかってきた。母とその子供二人、祖母、弟（実弟）、姉夫婦、も一人の姉と子供の九人。

私の瓦作りの仕事は父のやっていた道具門などを作るのだが、普通の人が十五円働くとき、私は五十円以上働いた。小学校の校長さんが三十円から三十二、三円くらいとっていたときである。そんなにして働きながら、何もなかったところに家を建て、村のつきあいも当り前にしてゆく一方、私は勉強した。

家へ帰って来ると、青年会のないところに青年会を作り、一冊借りてきた本を毛筆で写して教科書にして、青年会で夜学を始めた。とにかく私は、田舎で埋れたまま甘んずるつもりはない。東京へ出て勉強しようという野心があるから、立志伝を読んだり、何とか力をつけてなきゃいかんというので、先生を招《よ》んで村の青年と一緒に勉強した。

そのうちにまた、私の母が、私の働きが悪いとさんざん悪口を言う。すると頼みもしないのに村の人たちが反撥《はんぱつ》した。

「そんなことはない。あんたは貞《さだ》はん（父）の嫁はんじゃないか。仁三《にさ》はんの嫁はんじゃないんだから、そない悪口言うなら、あんたが帰ったらいいだろう」

それで私に、義理のお母さんと別居せいと言う。母は村八分にされてしまった。私もしかたなく母に言った。

「お母さんね、村の人がやかましいから、お母さん別居しませんか。お父さんが帰るまで別居してれば、私が食費は送りましょう。」

そしたら余計おこってしまった。私は悪気で言ったんじゃないんだが、私が村の模範青年だし、村の人の風当りははげしくなる一方で、とうとう母は村八分にたえかねて、自分のつれ子をつれて出ていった。

母がいなくなって、父が帰ってきた。私は十八歳になっていたが、女手がないといけないというので、「嫁をもらえ」という。しかし私は野心があるから断り、かえって父に再婚をすすめて、二度目の義理の母を迎えた。私は父には何も言わん方だったが、義理の母はやはり一つの性格《タイプ》があるものらしい。私も成人の年になっていたし、義母が私に卑下《ひげ》するところもあったり、その間柄はなかなかむつかしいものがある。「どうしてもこれはだめだ、これは私の方が身をひいた方がいい」と思って父にそれとなく話し、自分の働きの中から十五円もらって、東京へ出てきた。大正二年、十九歳の十月だった。

四

十五円もって、東京へ行きさえしたら苦学ができると思って郷里を出たが、さて新橋へ着いたものの、どっちへ向いていいか全く判《わか》らない。蔵前高工（現・東京工大）教授の芝田理八という人を紹介されて頼って行った。

芝田さんは「苦学するという話だから仕事しなきゃいかんが、学校の職工になれ」という。それは居残りなどして月に十六円になる。私は洗面器一つ持たず、当時東京の品川の宮川君と同宿した。宮川君の掃除バケツ、それが掃除バケツ兼洗面器であった。下宿代がはじめは十三円くらいだったが、第一次欧州大戦直後だからどんどん物価が騰《あが》って、二十円から三十円になってしまった。そこに芝田先生が「高工を卒《で》ておれの助手になれ」と言う。

「私は彫刻家になるんだからイヤだ」

「それじゃここにいたって仕方ないから、やめなさい。すぐ辞表出せ」

さて辞表を出したが、もう行きづまりだ。せっかく青雲の理想をもって上京してきたのだけれども、下宿代が高くなって生活できないから、田舎へ帰らざるを得ない。私は覚悟をきめてしまった。

見れば、財布には何銭か残っているし、時計と夜具を売れば八円くらいにはなると思ったので、鈍行列車にすれば、何とか四国まで帰れる、と計画を立て、御飯代りに水を飲みながら、上京して初めての東京見物に歩いた。

浅草の観音さんを拝み、六区の映画の看板をみたりしてゆくと、駒形の東海銀行の前でケンカしている。見てると、当人たちよりも見物人が横から行ってポカポカやって、知らん顔していってしまう。東京のケンカは面白いなあとみていると、そんなに人もおらんのに、無理に押してくる。〝なんぞおかしいな〟とそのときは思ったが、何も気がつかなかった。

さて下宿へ帰ってみたら、大事な時計をすられている。時計がなかったら汽車賃の出るアテがなく、帰る計画は御破算である。どないにかしなきゃいかんと財布をみたら、一銭や二銭銅貨で九銭ある。それをみていたら、〝おれは窮《キュウ》せん〟と、縁起をかついだわけだ。禍《わざわい》を転じて福となす――私は持ち前の不屈の勇気を出し、先ずやきいもを二銭買って腹ごしらえをし、人に紹介してもらって、彫刻家の弟子《でし》入りを頼んでいった。

森鳳声《ほうせい》という先生を訪ねていったら、「明日おいで」と言う。そこは動坂《どうざか》で私は蔵前だし、電車賃はないし、歩いてだから大変だ。下宿まで帰る途中、逢染橋《あいぞめ》まできて、また二銭出してやきいもを買って食った。相当あったことを覚えている。九銭の中、やきいもを四銭買って残りは五銭だが、これはどうしても使えない。もしどこかへ移るにしても、荷物を積んで行く車の借り賃が要《い》るから、どうしても手はつけられない。私はやきいもでがんばった。

さて森さんは、「小遣《こづかい》はやれんけれども、五年間はどんなことがあっても辛抱《しんぼう》するなら、おいてやる」という。

父は「人さまのめし食っちゃいかん、奉公《ほうこう》しちゃいかん」というのが信条だったが、背に腹は替えられない。ともかく父には一人前になれば面目たつんだからと心で許しを乞い、森先生のお宅においてもらうことになった。そしたら小遣を八十銭もらった。上京した翌年の二月のことである。

森さんの家は屋敷が六百坪、家が二百坪で、周囲が道路になっている。朝五時に起きて御飯たいて、先生や奥さんの床を揚《あ》げ、家を全部掃除してから、周りの道をずーっときれいに掃《は》く。なかなか大変だ。それを一人でやって、晩の九時まで先生の彫刻を手伝う。自分の彫刻はちょっともできない。本を読んでもいけない、「生意気になる」という。そんな家だから、これまで誰も辛抱《しんぼう》できる人がない。それを無理に頼んで弟子入りさしてもらったわけで、約束の五年を完全に勤め上げた。

その奉公の中でも私は、何とかしてかくれて勉強した。美術の本は高いので、小遣をやっと三円ためて一冊買う。白山《はくさん》肴町《さかなまち》に内田という古本屋があって、本の出た月の内に読んでもってゆけば、三十銭で新しい本と取換《とりか》えてくれた。どうせ古本だが、月を越すと五十銭になるので仕事が済んだ夜の九時すぎから一心に読んだ。ところが、そのことが森さんに見つかって「燈《あか》りがついている」と叱られる。床の中へひっぱりこんだり、押入れに入ったり、いろいろ苦心して美術書を研究した。

朝は五時から仕事だが、その前に起きて、玄翁《げんのう》（鎚《かなづち》）に手拭いを巻き、音のしないように鑿《のみ》をたたいて彫刻の勉強をした。このときの勉強が後に、大いに役に立った。

さて、森さんの家で五年間弟子生活をしたものの、そこで修得したものは時代の芸術とははるかに離れている。独立してもとうてい、彫刻ではやってゆけそうもない。そこで新規まき直し、上野の美術学校（現在の芸大）に学ぶことを決意した。それにはやはり先立つものが必要なので、一たん田舎へ帰って二年ほど瓦焼きの職工をやって学資をため、再び東京へ出て来た。二十六歳になっていた。

それから美術学校へ入ったのだが、それがはなはだツイている。（その時から私には〝奇蹟〟がつきまとっていると感ずるのだが……）

入学試験の準備を一週間して、全部で四日間の試験の中一日だけ受験した。というのは、二日目に試験を受けに行ったら「もう教室はきまっている」という。「年とってるから」ともいうので、こんな事だったら受けても仕方ないと思って、後の二日の試験は受け

昭和７年特選に入った塑像の裸婦

帝展初入選作　木彫「使命」
徳島県立近代美術館蔵

なかった。しかし四日目に発表を見に行ったら、十人募集のところ、十一人目に入っている。補欠でもなしにである。教授にききに行ったら、「見込みがあるからとったから、一所懸命やりなさい」というようなわけで、念願の美校で学べることになった。（卒業のときは首席になる）

私は順調に腕をみが

き、大正十二年、美校三年のとき帝展（今の日展）に初出品作で入選、しかも特選候補になった。それで私は、美校をですぐ帝展審査員になるつもりでやったが、私の作風が塑造《そぞう》から出た木彫を作って、新しい彫刻の伝統を打ち立てようという斬新《ざんしん》なものであっただけに、かえって世間から入れられず、十年間特選候補、特選候補で特選に入らない。これは早くしないといかんと思って、塑造の裸婦で出品し、特選に入り（昭和七年）、翌年無鑑査となった。そして無鑑査の制作をしているとき、豊島区の落合長崎の家で病《やまい》に倒れた。昭和八年のことである。それが縁で生長の家にふれるわけだが、制作が思うように進まないのを、非常に気に病んでいて病気になったとは、後で判《わか》ったことだった。

美術学校時代の服部仁郎氏

さて大正十年、二十七歳で入学し、大正十五年に三十二歳で卒業して研究科へ三年いったから、三十四歳まで美校にいた。私は小さいころ、家族九人養った経験は前に書いたが、美校時代も私の家には六人の居候《いそうろう》がいた。自身が苦学して美校へ行きながら、月謝までは援助しないが、五、六人の若い者を食べさしていた。居候と言ったけど、決して彼らをアゴで使ったわけではない。私が先に起きて御飯を炊《た》いて〝さあメシたけた、起きよ〟と食べさして、学校へ出してやり、私が後片づけして学校へ行った。私にはそんな家事労働は少しも苦にならなかった。もちろん余裕があってではなく、いろんなアルバイトに苦労しながらである。その実績(欲得ぬきの扶養)から、社会的にも信用されて、金がなくとも米屋さんとか肉屋さんがよく貸してくれた。半年でも一年でも。そのお蔭で六人も一緒に苦学ができたことを感謝している。

五

美校で苦学している最中、大正十二年九月一日の関東大震災に遭《あ》い、道灌山《どうかんやま》から大火災をみているとき、私の人生観は一大転換をした。

道灌山に行ったのは九月二日の朝四時。北千住、南千住から浅草にかけて、見る限りずっと焼けているのを見たとき、劫火《ごうか》に一切の不浄が焼きつくされてしまったように感じた。それまで、この世の現象は不変のものだ、と思っていたけど、〃この世の中は変るものだ〃ということを知った。（宗教的にわかったのではない）それなのに、ただ自分ひとりで変る世の中にかたくなな変らん心を持っていては、生命が生長しない。よし、人間も変るものだ、それならば、〃私は結婚してもよい〃と思った。

その理由を説明すると、それまでの私は、一生結婚しないつもりだった。二人の義理の母に育てられた私の人生体験から、結局、女の人というのはむつかしいものだと思い込んでいたし、金仏《かなぶつ》的性格から、婦人はもちろん、なるべく世間と交渉をもたない方針であったから、一生独身主義だった。だから青春期になり、煩悩《ぼんのう》にまどわされ、生理的に煩悶がおきるようになって、自戒《じかい》の言葉を作っている。二十歳のときで、今もその言葉を書いた写真が残っている――

〃本能に使役《しえき》せられる
生の慾求は苦痛である
本能に使役せられる動物よ
己は何時《いつ》安心する時が来るか〃

とにかく結婚しないという固い決心をもっていたのが、震災を境に、〝結婚してもいい〟という新しい人生観をもって出発した。物の見方もいろいろ変ったし、それまでほとんどしゃべらなかったのが、多少ながら、ものも言うようになった。第一の過去への訣別《けつべつ》であった。

クラリと一転した私は、貧乏書生の身一つで結婚に踏みきった。

相手は私が下宿していた家の娘で、私の生活に同情もしていたし、私を理解もしていてくれた。しかし家内の家族はみな反対した。家内は松山家の相続人だった。私は三十前でも四十位にみられたほどだから、十八、九の家内に比べて、三十歳の私は年の差以上に老《ふ》けていた。結婚申込みに好条件は何一つなかった。しかし全員反対の空気の中にも理解があって、特におばあさんが中に入ってまとめてくれた。大正十三年四月のことである。

それでも初めは籍を入れさせなかった。家内の家が服部家と似たようなケースなので、説明すると、子供が生れたら松山家を相続さして、私は家内を籍に入れるという約束だった。長女が生れたから家内の籍は移したが、子供を移すことは本人(子供)の自由意志を尊重しなきゃいかんというので、世嗣《よっ》ぎにはならなかった。が、長女が嫁に行った形で、今も金沢の妻の実家にいて、祖先まつりなどしている。

さて、私たちの新婚生活は決して甘いものではなかった。私はなりふりかまわず彫刻とアルバイトに専念していたし、妻もせっせと、一日何銭かの内職をしていた。やがて友達の家でアトリエと四畳半の家があいていたのを買って移った。豊島の家である。そこで家内と話しあった。

「お父さん、夫婦生活はよいけれど、子供ができたらどうしますか」

42年あまり共に過した服部夫妻

私はあくまでも呑気《のんき》だった。

「子供は親爺《おやじ》にもらったのやない。神様がくれたんやから、子供はチャンと自分で、部屋と一生食うものを持って生れてくるだろう」

はたして子供ができると一部屋建て増し、また建て増し、また建て……十人の子供ができたときには、八部屋、五十坪の屋敷になった。中でも十畳と八畳の座敷は、かつて谷口雅春先生の講演会を開き、昭和八年来いつも誌友会《しゆうかい》を欠かしたことのない、生長の家ゆかりの部屋となった。無から出発した私たちだが、神様はつねに十二分に、恵みを与えて下さった。

この豊島の家で瀕死の重病に倒れ、生長の家にふれて第二の新生をするのだが、その前に、私の宗教体験の第一歩として天理教との出会いについてふれておかねばならない。

六

天理教を知ったのは美校に入った年のことで、以来三十年あまり、ずっと天理教のおもだった人とは交際している。もちろん信者としてではない。私は天理教の祈り方一つ知らないし、あちらの人も、少しも強制しない。芸術の上の全く人間的なつきあいである。その始まりはこうだ。

そのころ、高知の高等学校にいる私の友人から、学資がないといってきた。何とかしてあげたいが、こっちもそんな余裕はない。やむなく、作品の売りこみに歩いた。私の人生で最初で最後のことだった。そこで訪ねた家が、天理教の土佐先生だった。

「あんた、帝展に出品して入選の自信あるか」

私はもうそのときから自信があったから、はっきり「ある」と答えた。

「自信があって、入選するならば、援助してあげよう。援助といっても、ただ上げるとあんたは窮屈《きゅうくつ》だろうから、あんたあした、作品を持って来なさい。私が値打のあるだけ買いましょう」

といって八十円で買ってくれた。当時の八十円は大金だった。（大正十年のことだから、今なら千倍としても、八万円ほどになる）それをそっくり友達にやった。さて土佐先生は――

「自分は天理教だけど、宗教は自由だ。束縛しちゃいかん、あんたも無理に天理教になれとは言わない……」

偉い人だった。今でも感心している。だから私はアトリエに土佐先生の肖像を作って敬意をはらっている。この土佐先生のお孫さんが、後の天理教真柱《しんばしら》、中山正善氏の御長男のお嫁さんになっている。

土佐先生との交際から天理教本部へもしばしば行くようになり、その当時は管長さんと呼んでいた、真柱の家に泊ったこともある。といってお説教をきいたこともないし、信者でなかったので、私が生長の家にふれてから、自然と遠ざかるようになった。芸術上のつき合いながら客分扱いで、そのころから私に〝先生〟と言ってくれていた。

その間、真柱が二十歳代のころからいろいろ啓発されることもあったが、そのことは割《かつ》愛《あい》するとして、特に感慨深い〝将棋〟の話を書いておく。

天理教の管長さん、中山正善さんが、私の顔をみるときまって言うことがあった。

「服部さん、ぼく、将棋好きなんです」

そういうだけで、管長が将棋さしているのを見たことがない。私は昔から将棋はきらいだった。理由は、士族だった父が「武士は二君に仕えず」と盛んに言っていたが、将棋をみていると、こっちの取られた駒が、相手方の駒となって〝王手〟とかかってくる。二君に仕えんというのに、元の主人の首を取りにくるとは邪道だという気がして、将棋はきらいだった。

さて、真柱にそう言われながら真意がつかめないままに、何年か経った。やがて大東亜戦争も末期になり、空襲が激しくなって長く防空壕《ぼうくうごう》へ入っているとき、退屈なので古新聞を出して隅から隅まで三べんぐらい読んでいた。もちろん将棋の欄が小さく出ているが、嫌いだから見ない。しかし三べんも読んでると、避けようとしても、いやでもそこを目が通る。と、その中に〝名人〟という文字があった。芸術家の一人として、名人とは面白いな、と思って読んでみた。その話に私は非常に感心してこんなことを考えた。

名人というものは常に精進《しょうじん》している。とすると、ここにお寺の和尚と小僧とがいて、和尚が小僧に、「人生は思う通りになるものだ」と言っても小僧にはなかなかそうはゆかない。そしたら和尚が「お前ちょっと見てみよ」と将棋盤をひっぱり出して言った。

「ここに歩がある。ここに飛車と角がある。王、金、銀が配置される。お前の思う通りにゆかんというのは、この歩が飛車や角のように動けんということだろう。だけど、歩でもね、自分の約束された道をこつこつと馬車馬的に進んだら、それでいいんだ。誰でも敵陣にとびこんで金の大将になれるんだ。和尚だって初めから和尚じゃなかった、小僧だったんだよ。将棋も一番終ったら、金になった歩もまたもとの歩になる。王でも飛車でも、元の箱に入れられるんだ」

将棋には人生の生活が実に奇妙に、悟りみたいに描かれている。よく世間の人は、男は一歩外に出れば七人の敵がある、と言う。ここに将棋の名人の対局があって、名人が相手の駒をとったとき、これは自分の敵だといってその駒の一つも使わなかったら、名人は不敗の将棋は指せない。名人が名人であるのは、相手が敵であっても、縁あって自己の手に入ったら、一日も早く金の大将にしてやることだ。決して自分に刃《やいば》をむけるものではない。かくして将棋の名人は無敵不敗の将棋をさす。——

鳩山一郎さんが総理大臣になる前、招《よ》ばれていったときにこの話をした。政治もそうでなくちゃならん、名人は無敵不敗の将棋をさすといっても、将棋の駒になっちゃいけない、王様の駒になってもいけない。いつも盤面の外にいて、過去現在未来を自由に支配する。そして不敗の将棋をさす……

といろいろ考えてゆくと、天理教の真柱は、二十年も前にこの将棋の悟りを開いて、私に暗示していたんじゃないか、と思えることがあって、感嘆したことがある。永年の将棋の課題が解かれて、一ぺんに視野の開ける思いだった。

「人間は心である。どこへ行ってもそれさえしっかりもっておれば、お前は人の頭《かしら》になれる。頭《かしら》になるには、頭《かしら》になることを忘れちゃいかんよ」

小学校をでたとき父親に言われた訓《おし》えが、将棋のことを考えるときもつねに、私の潜在意識の中に強く流れていた。

かつて田舎で、青年会を開いて夜学しているとき、さかんに立志伝《りっしでん》を読んだものだが、橋本左内《はしもとさない》の話が非常に心に焼きつけられた。それはこうだ。――

「頼もう」と客が来て橋本さんが玄関に出る。

「先生おるか」

「先生るすだ」

「先生そこにおるじゃないか」と客が言ったら左内曰《いわ》く。

「心ここに在《あ》らざれば、われ居ても在らず」

自分というものは身体じゃない、心が自分だ、という左内の話を読んだとき「心をやる」と言った父の教訓がよく判《わか》った。そして、「この橋本左内を私の師匠にもらってやろう」と思ったことがある。

ところが終戦後、毎日新聞の夕刊に二・二六事件のときの総理大臣、岡田さんが四回ほど〝思い出〟を書いた結びに、「私は今もって橋本左内を師としている」とあった。それをみて、私は〝しまった〟と思った。〝私も父がやるといった「心」をもらって橋本左内を師としていたら、私だって総理大臣になれたんじゃないか〟と。しかし、そんなことグチったって仕方ない、お釈迦さんのように、キリストのように、谷口先生のように、精進《しょうじん》して、ともかく世界を救う人になってやろうと考えたことがある。終戦後のことだが、私はいろんなことを考えた。とにかく、親爺《おやじ》の言う〝心〟という、小学校を卒業するときの教訓が、今でも私の脳裡《のうり》に去来《きょらい》して、私の人生の大きな柱になっている。

だからといって、私は人を押しのけて、そこの大将になってやろうと考えたことは一度もなかった。しかし、いつの間にか、自然とその中のある枢要《すうよう》なポストについている。これはやはり、父のことばが私の潜在意識にあって、それとなく私の魂が私自身をそういう風《ふう》にきり拓《ひら》いていっているんじゃないかと思えてならない。とにかく、人の風下《かざしも》につくようなことを割合しないできたのは、父の教訓が幼かった私の魂に非常に感銘を与え、その後一貫して、不思議に強く私を支配しているように思う。生長の家を信仰すればするほど、父親の感化の偉大さが痛感される。

その親爺は昭和十年に、現世《げんせ》の務めを終えて昇天した。時に八十歳であった。

七

いよいよ生長の家にふれる話になるわけだが、昭和七年帝展の特選、八年に無鑑査の出品作制作中に重症の急性肺炎と肋膜《ろくまく》を患《わずら》い、のちに長らく誌友会《しゆうかい》をやった東京・豊島の家に寝ていた。友達の医者も診《み》てくれて、もうだめだとサジをなげられたとき、美校の後輩の片岡環《たまき》さんが、パンフレットを二冊持って来てくれた。

「医者が何と言っても心配することはない、この本読んだら病気は治る」

「奇想天外《きそうてんがい》だな、本を読んで病気が治るなんて……」

いまだかつてそんなことは聞いたこともないわけだから、私も反撥《はんぱつ》したのだが、医者に捨てられた私自身、まだ死にたくなかったので、そのパンフレットを読んだ。『人間生き通しの話』には、鶏に催眠術をかけた話が出ている。

「鶏を寝かして首の目の前のところに白墨で線を引いたら、鶏はもう自分は縛られたと思って起き上れない。世の中の病気は、鶏にかけた催眠術と同じである。病気は人のい丶のちを縛る自己催眠である」と書いてある。つぎに、どこかに病気の治る話を書いてないかと思って読んで行くと、「現象はない」と書いてある。あろうがなかろうが、そんなことはいい、どこに病気が治ることが書いてあるかと一所懸命に読んで行ったら、「肉体はない」と書いてある。さらに、病気の治ることが書いてないかと思って読んで行くと、「病気はない」と書いてある。

ところが、さわってみたら身体はある。肉体はある。そして熱は高いし苦しいし、いわゆる現象はある。うっかりしていると鶏とおなじで、自己催眠に陥ってしまうんじゃないか、というような気がした。ともかくそのパンフレットを読んでしまった。

それから二、三日して、私はとうとう息が苦しくなってしまった。友達の医者が、自分一人では心細いと言って、専門家をつれてきて立合《たちあ》い診断をしたが、その医者もいきなり、「ああ、だめだな」という診断《みたて》である。そして、「今日にも入院して、絶対安静にするように」と言う。普通一般に、病気というものは偉い医者と立派な病院が治すものと思っているから、それで治らなければ結局あきらめることになり、周《まわ》りの者も、十分やってあげたと思って慰めることになる。私もそうしてもらおうと思い、遺言状も認《したた》めて三十分ほどたったとき、ポッと気持が変った。
〈今までの自分は死んだ。本当の自分はこれから生きる。その自分は医者もいらん、薬もいらん、ただわれ神仏の使命を生きる、神仏の恩恵を受けている。神の子、仏の子の自覚をすればよい……〉

そんなことは私の読んだ本の中には書いてなかったが、そう思えたのである。するとなにかスーッと孔《あな》があいたように呼吸が楽にできるようになった。みるまに腫《は》れがスーッとひいてしまった。それから家内を呼んで言った。「もう入院するのはやめたから、医者に断ってくれ」すると家内の返事がおもしろい。「お父さんのことは諦《あきら》めている。だけど今お医者さんを断ったら、お父さんが死んだあとで、子供が病気したときに、お医者さんが来てくれんと困るから、お薬だけでももらいに行く」

家内は、私はもう死ぬものと諦《あきら》めていたのだ。私より、あとの者のことを心配している。それで私も「あんた、そうしなさい、でも私は薬は服《の》まんよ。服《の》まん薬は捨ててもよかろう」と言って、翌日は全快祝いをして鯛の塩焼きで飯を三杯食べた。久しぶりに固い御飯をたくさん食べて腹が張ったが、その日から起き出した。しかし床はまだ敷いてあった。「大調和の神示《しんじ》」のあった丸二年後、昭和八年の九月二十七日だった。

それから片岡環さんがまたみえて、「神想観《しんそうかん》というのは……」といって招神歌《かみよびうた》から神想観のやり方を教えてくださった。神想観をすると、不随意筋《ふずいいきん》が自然に動き出した。わが生《い》くるはわが力ならず、神様のお生命《いのち》が生きているんだ。自分が働くんじゃない、神の権能《ちから》が働くんだ――そう思った私は、四日目にはすっかり床をあげて、仕事を始めた。

仕事をしていると、アトリエに入ってきた家内が「それならお医者さん要《い》らんから断ってくる」と言って断りに行った。しばらくすると玄関があいて、大きな声がする。「薬なんかどうでもいいが、医者がこんな重症患者をこのままにしておくわけにはゆかない、見るだけでも診《み》よう」と言っている。「来たな」と思いながら私はアトリエで仕事をしていた。医者は今までの病室に入って来たが私がいないので、「奥さん、ご主人をどこの病院に入院させましたか」「アトリエで仕事をしています」というと、勝手知った私のアトリエに入って来た。そしていきなり私の手を握って言った。「寝てなさいとあれほど言ったじゃないか。熱が下がったからといって仕事なんかしてると、死んでしまうぞ」

とにかく診《み》るだけ診《み》ようといって、家内に床を敷かせて、表返し裏返し、ポンポン叩いたり聴診器できいたりした。しかし、なんにもない。「不思議だ、不思議だ。どこにもラッセルが聞えない」と言いながら帰って行った。それっきり約三十年、医者とは縁が切れてしまった。遺言して三、四日目に桜木町の堀静先生を訪ねて全快の御礼を言ったが、堀先生も非常に驚かれた。いまだかつてそういう例がなかったから。

それから二、三日して、私が仕事をしていたら、友達の奥さんが見舞に来られて、おこられた。「あなたは死にかけているというのでお見舞に来たのに、そんなことしてていいんですか」というわけだ。まったくそう言われるのは無理もない話で、私は四、五日来の奇蹟的な出来事を一所懸命説明した。

「奥さん、実は私、この本を読んで病気が治ったんです」

「本を読んで病気が治るなんて、そんなことがありますか。そんなことがあるんでしたら、政府があんな莫大《ばくだい》な費用をかけて病院を作ったりしますか」

「奥さん、中風《ちゅうふう》の人でも、手が動かんのじゃない、動かしたら動くんだ。リウマチの人でも手が動かんというのは、動かしてやれば動くんだけど、痛くて動かしたら悪いと思って動かさんのだ。ただ動かしたらいいんだ。病気というのは自分で作ったもので、思いちがいなんだ。本にはそういうことが書いてあるんですよ」

と言っていると、その奥さんは急にそこに坐り直して、

「先生、ありがとうございました」

という。私はそのときから生長の家の「先生」にされてしまったわけだが、どうしたのかと訊《き》いたら、四、五年前からリウマチで動かなかった手が動くという。自分の治ったことさえ不思議なのに、自分の話をしただけでまた人の病気が治った。これが個人指導の、しかも目前で成果の現れた第一号であった。

それから一日、二日して、隣の室で次男（当時は子供は四人だった）のようすがおかしいので、家内にきいたら、もう宵《よい》から二十回くらいあげくだししている、しかし私が生きるか死ぬかの状態だったので知らせなかった、という。私は隣室に行って子供を抱いた。するとなんとなく、〝神の子に病気はない〟というように思えた。思えたというか、そういう声が心に聞えたというか、とにかくそういう気持になって子供を抱いていた。やがて床に寝かしたが、それっきりあげくだしも止ってしまって、元気に遊ぶようになった。

私は非常に打たれた。まったく生長の家というのはえらいはやり神様だ、と思った。そ

して生長の家とはいったいどんな神様を祀《まつ》ってあるんだろう、ひとつ帝展の出品制作でもすんだらお礼も申しあげたい、参拝もしたい、見物もしよう、という気持になった。その頃は、生長の家が創始されて三年目、まだ谷口先生は神戸におられた頃で、東京はもちろん、全国にも信者は少く、社会的にもほどんどまったく知られていなかった頃のことである。

八

当時（昭和八年）は十月十六日が帝展の招待日だったので、それを終えてその晩――死の床から起き上って二十日間で、私は十三貫から十八貫五百匁《もんめ》に太っていた――神戸の生長の家の神様を拝みに行くつもりで準備していた。そこへ友達が来たので、私は神戸へ行くと言ったら、「あんたみたいなひどい病気をした人は、今ごろはドテラを着て日向《ひなた》ぼっこをしているくらいがちょうどいい。神戸へ行くなんてとても無理だ。行かせない」と頑張る。私は「行く」と言って双方押しあっていたが、私の方が強いので友達も折れて、「それでは静岡で一泊し、名古屋、京都でそれぞれ一泊して、三泊くらいして行け」という。私も、急ぐ用でもないからそうしよう、ということで東京駅へ行った。

そうして今でいえば一等、昔の二等寝台を買って乗りこんだ。当時の汽車はのろくて、静岡まで五、六時間かかる。もしも静岡のあたりで眠っていて降りられなかったら友達にウソを言ったことになるが、今のうちに寝ていたら五、六時間もしないで静岡の手前で目がさめるだろう――そう思って、乗りこんだらすぐ、寝てしまった。

汽車が東京駅を発車したのも知らずに寝ていたが、どこだか汽車が停《とま》ったなと思ったら、「神戸、神戸」と言っている。静岡も、名古屋も、京都も、寝たままでとばしてしまったわけだ。結局、私が生長の家を知って、人間に本来病気はない、という一つの自覚ができ、安心感があったから、東海道をひと眠りできたわけだろう。

神戸には私の実弟が警察に勤めていたので、生長の家を〝はやり神様〟ぐらいに思っていた私は、すぐわかると思って弟に案内を頼んだ。ところが弟は「兄さん、生長の家ってどこの料理屋だ」――久しぶりに兄が来たので、酒好きな弟は、料理屋にでも案内されるのかと思ったらしい。「料理屋じゃない、神様だ」と言ったが、「そんなの聞いたことがない」という。とにかく住吉だというので、住吉神社の付近を一所懸命さがした。弟は料理屋をさがした。どちらもない。と、ヒョッと見たら、「生長の家」の横額が小さな門にかかっていた。六尺くらいの低い門だった。

「ここだ」と私が言ったら、弟はチョコチョコ駆けよって、「兄さん、引っぱりこみじゃないか」という。しもた屋(商売をしない住宅だけの家)のようだから料理屋でなくいかがわしい売春宿かなにかじゃないか、というわけだ。

はいって案内を乞うたら、女中さんが出て来て、座敷に通された。三方廊下の八畳間だった。その隅《すみ》の方に、今も谷口先生がお使いになっている机がむき出しで、羽織も袴《はかま》もつけず角帯をしめた若い人が坐っている。

「あんた、そこへ坐《すわ》りなさい」と言われて、私はお客になったつもりで床の間の前に坐った。まさかその人が、谷口先生だとは思わなかった。それからポツリポツリお客さんがみえて、二十二、三人集まった。それが日曜日で、当時の生長の家では一番大きな集会だった。

そのとき、美容家の山野千枝子さんもみえていたが、一人の先輩格の人が「先生、もうお始めいただきましょうか」と伺《うかが》った。「そう、始めましょうか。大勢みえましたね、はじめてですね」と角帯の人が返事する。そこで私は、その角帯の人が谷口先生を案内してくるのかと思っていたら、その人が谷口先生だったので驚いた。谷口先生はもっと年輩の、髭《ひげ》をはやした人だとばかり思いこんでいたのである。

私はその角帯しめた人、実は谷口先生にお礼を言った。死を宣告されて遺言をしてから、パンフレットを二冊読んだら三日で起ち上ったことを報告して、お礼を言ったのである。すると先生は驚いて訊《き》かれた。

「あんた、本を読んだんですか」

「ええ、読みました」

「食べたんじゃないですか。あんたのように掌《てのひら》をかえしたように病気の治った人は、今までにない」

というわけで、いろいろ訊《たず》ねられた。

お礼を申しあげてから私は、神戸までわざわざやって来た目的の、生長の家の神様を拝ましてもらおうと思って、先生にお願いした。すると先生は「エッ？」と怪訝《けげん》な顔をされた。私はこれはまだ自分には神様を拝ましていただく値打がないんだなと思い、恐縮してその日は話だけ聞いて帰ってきた。

翌日、今日は神様を拝ましてもらおうと思って再び出かけた。その日来ていたのは五人だった。前日、先生にお願いして断られたので、今日は奥様に「生長の家の神様、拝まして下さい」とお願いした。すると奥様もやはり「エッ？」という。これはまだ私は拝ましていただく値打がないんだと思って、お話を聞いた。

そのとき、内容は忘れたが、先生にある質問をした。すると先生曰《いわ》く、「それですかそれは僕の本に書いてあるから読んで下さい」――これはちょっと薄情だな、と私は思った。

また次の日も出かけた。やはり五人だった。今日こそはひとつ、生長の家の神様を拝ましてもらおうと思って、奥様にたのんだ。すると、

「服部さん、家《うち》に祀《まつ》ってある神様？」

「ハイ」

「うちはお二階に祀《まつ》ってあるのよ。真中《まんなか》に天照大御神様《あまてらすおおみかみさま》、一方に伏見《ふしみ》の稲荷《いなり》さん、一方に住吉の大神様。」

それで私は拝ましてもらえると思って、

「どうぞ拝まして下さい。お願いします」と言ったら、奥様が、

「いやなこと」と言われる。

「服部さん、あんたの家の二階に神様まつってあって、外から来た人が拝ましてくれと言ったら拝ましますかね。そんなことないでしょ」

と断られてしまった。それでもこちらは、そのうちに拝ましてくれるにちがいない、それまで待とうと決心した。それ以来待つことついに三十年、とうとう拝ましていただけないままである。もっともその間に、先生、奥様が拝ましてて下さらなかった理由もわからしていただいた。

とにかく草創時代、身近な先達《せんだつ》も確かな手引《てびき》もなかった時には、今では考えられぬ珍《ちん》事《じ》、求道上《ぐどうじょう》の悩み故の笑えぬエピソードがあった。当時、単行本としては『生命《せいめい》の實相《じっそう》』が出版されたばかりで、『久遠《くおん》の實在《じつざい》』はまだできていなかった。住吉のそのお宅で、神

想観も先生自らわれわれの手をとり、姿勢を直して指導して下さった。先生がわれわれの静坐合掌《せいざがっしょう》している前に来られて、合掌の手を挟《はさ》んで思念していただくと、全身が電流に打たれたように霊気をおぼえた。

こうして住吉の先生のお宅に一週間通ったとき、輪谷《わたに》さんというキリスト教の牧師の娘さんが、先生にお母さんの病気を治《なお》してくれと言ってこられた。医者も病名がわからず、ただ痛い、痛いと苦しんでいるという。それをきかれた先生は、「治《なお》る」と言って私に、「服部さん、あんた行ってあげなさい」とおっしゃる。私は『久遠の實在』は購《か》ったがまだよく読んでいない時だし、「先生、私にはわかりません」と言ったら、「あんたが行ったってわからんだろうけど、神様の使いだと思って行きなさい」と言われ、使いなら小僧にだってできるから行ってみようと、娘さんにつれられて行ったのだった。

部屋に入ってみると、お母さんがたいへん苦しんでいる。いくら他人でもさすってあげたら少しでも気持がいいだろうと、私がさすってあげたら、いっぺんに痛《いた》みが止《とま》ってしまった。なぜだか自分にもわからないけれども、それきり治ってしまった。

ところがその部屋は掃除もしないので汚いし、鼻もちならない臭《におい》がみちている。顔にまで綿ごみがいっぱいついている。私は、生長の家へ行っていたらしょっちゅうこんなことをやらされてたいへんだと思い、この輪谷さんのところへ行くといって先生の家を出たきり、その報告もしないまま、奈良へ行ってしまった。ずいぶん無茶なことをしたものである。

奈良で一週間ばかり勉強して神戸の弟の家に帰ったら、谷口先生の奥様から葉書が来ていた。「服部さん、ありがとう。あなたが行って下さって、輪谷さんの痛みが止《とま》った。そして自分で銭湯へ行くようになったそうです。ありがとう」というような内容だった。

弟の家には、弟の妻の祖母で八十二、三になるおばあさんがいたが、食べたものをみんなそのまま出してしまうような下痢《げり》を続けていた。私は寝ているおばあさんにこの葉書を読んできかせてから、「おばあさん、一人で退屈だろうからさすってあげる」と言ってさすってあげたら、下痢が止《とま》ってしまって、「私だって銭湯へ行けるだろう」と起きあがり、自分で銭湯へ行った。そして、曲っていた腰が伸びてしまった。

九

それから私は郷里の徳島へ帰ることにした。

当時、谷口先生は、すべて物は生かして使えば使うほどふえるという「無限供給」を説いておられた。そのお話を聞いていて船のりばへ行ったときに、私は二等（今でいえば一等）にしようか、三等（今の二等）にしようかと考えた。自分の値打を二等とするか、三等とするか――これは二等にしようときめた。

そして船に乗ったが、その船の中で、私が寝たら体が動きだして、どこかをさすっている感じがする。目をさますととまる。すると、寝たとき足をさすったあとには足のわるい人がやって来るので、さすってやるとその足が治る。手をさすったあとには手のわるい人がやって来て、それが治る。そういうことが続いて、船では寝られなかったが、少しも疲れない。

船は徳島県の撫養《むや》（現在の鳴門市）の港に着いた。そこで汽車の連絡などを聞いていると、一人の紳士がそれを教えてくれたあと、私のことをいろいろくわしく聞くので、私は徳島の生れだが、今東京で彫刻をやっており、帝展で去年特選になって今年は無鑑査だ、というと、「えらいなあ」という。私の郷里では当時、そういう者は珍しかったので、あんたを郷土に紹介したいから、ぼくの学校へ来て演説をぶて、という。その人は師範学校の校長だった。私は「先生、私は実はうまくものが言えないから、あまりしゃべらなくてもすむ彫刻家になったんだ」「それなら、私が紹介をするから、彫刻をやって見せてくれるか」というので、「それならできる」「では何日にここへいらっしゃい」ということになった。

約束の日に学校へ行くと、小学校の校長や手工の先生をはじめ、先生や生徒が八百人ほどいた。そこへ校長が紹介してくれて、彫刻をして見せたのだが、その時に私は考えた。田舎《いなか》の人にただ彫刻をして見せたって、生活とほとんど関係がないから、何の興味を喚起することもないだろう――とその時、ヒョッとひらめきがあった。〈コトバは神だ。自分が話すことはできなくても、必要なことなら神様が話をさせてくださるだろう〉と。

そう思って、まず話をした。芸術とはこういうものであって、彫刻というのはこういうものだと、霊感的な話を二時間ほどもして、それから彫刻をして見せたのである。

それから校長室へ行くと、校長は「あんた、物を言わんというけど雄弁じゃないか」と言って、お盆《ぼん》にのせてくれたものがある。

それは紙にお金を包んだものだとわかって、私は「いらない」と辞退したら、「郷《ごう》に入《い》らば郷にしたがえ」ということがある、ここの学校はちょうど創立三十五年になるが、こちらからお願いして話をしてもらったときには必ずお礼をするしきたりになっているんだから、どうしても持って行け、といやおうなしにポケットに押し込まれた。

それから家に帰り、母がリウマチで手が不自由だったが、その手が治るという気がしてきたので、「お母さん、治してあげる」と言って母の手を私の両手の間にはさんで十五、六分間「母の手は完全だ」という思念をしたら、自由に動くようになった。それまでは自分で髪を結《ゆ》うことなどできなかったのが、手をうしろにまわすことまでできるようになり、髪がゆえるようになってしまった。

そこへ姉が来た。「お母さんの手、治ったよ」というと、「動かしてみな」という。動く。この姉がまたリウマチで、十余年間困っていた。三月、四月と医者に行って毎日注射している。その姉を、治してあげると言ってまた手を間にはさんで十五、六分間思念してやると、これもちゃんと動くようになった。

姉は驚いて、「仁郎さんは東京で病気して死ぬといってたから、死んで幽霊になって私たちをたぶらかしているんだろう」という。それはもう夜だったので、私は「姉さん、今夜泊ってもいいかね」というと「いいよ、泊んなさいよ」というので、泊って翌日、井戸ばたで顔を洗いながら「姉さん、どうだね、幽霊かね」と言ったら「お日さんも出ているし、足もあるし、幽霊でない」とみとめた。

するとまた姉は、うちの子が鉄棒から落ちて手をついたとき手をいためて、御飯をたべるにも茶碗を口まで持って行くことができない、それが治るか、というので私は「なんだって治る」と自信をもって答えた。「治るから連れていらっしゃい」と言ったら連れて来たので、「動かん方の手を出せ」と言ったら、出した。そしてちょうどそのとき餅《もち》を焼いていたのだが、その手で餅をとることができるようになった。

それから再び船で神戸へ行き、谷口先生の所へ寄って、母や姉のリウマチが治ったり、姉の息子が治ったりした報告をしてお礼を言った。するとそこにいた人が、私は静岡まで行くつもりで切符を買ってあるが、今ここで生長の家のお話を聞いたら非常にいい教えだから、あと一週間ほどここで教えを聞いて行きたい。ついてはこの切符をあげますから使って下さい、という。私は「いくらでしょうか」「いや、あげます」「売ってくれ」「売るんならいやだ。あげます」――そしたら谷口先生が「服部さん、もらいなさい」と言われて、とうとうその切符をもらってしまった。こうして私は船は二等に乗りながら、無限供給を受けて、ますます豊かになって東京へ帰ったのであった。

こうして家に帰って家内に、母のリウマチの治った話をしたら、信じられないという。岩崎君という彫刻の弟子もいたが、それがまた「信じられない」と言いながら出て行った。そしてしばらくすると、友達の細君にリウマチで一年何ヵ月か手が動かず、坐れない人がいる、その人をつれて来た。これを治せという。私は手をかざして真理の話をしていたら、その動かないという手をスーッと前へ出した。動かなかったという指もちゃんと動くようになった。足もグーッと曲って、坐れるようになった。そこではじめて家内は、母のリウマチが治ったことも信ずるようになったのである。

○

以下に、当時のことを記載された「徳島毎日新聞」昭和八年十一月八日付の記事を、収録させていただこう。――（新版『生命の實相』第八巻より）

霊は閃《ひらめ》く＝心の影

「生長の家」を説く服部仁郎氏の帰省

我が国彫塑界《ちょうそかい》に於《お》いて本県の為に気を吐いている板野郡出身の服部仁郎氏は二十日ばかり前から関西方面へ旅行し四日郷里に入り、七日本社を訪問されたが、午後からは師範学校で一場の講演をすることとなった。氏の本年帝展出品はこのカットに掲げた「心の影」である。本県の出身の伊原氏の洋画と同じく極めて健実《けんじつ》なガッチリとした作品で大家《たいか》の面目《めんもく》を十分に発揮しているが、氏は謙遜《けんそん》して語る。

「本年の出品は甚《はなは》だ拙《まず》いものです。実はこの九月に病気に罹《かか》りまして医者は肺炎と申しまして一時《いちじ》はどうなることかと思いましたが、一日《いちじつ》新宗教とも申すべき『生長の家』から出

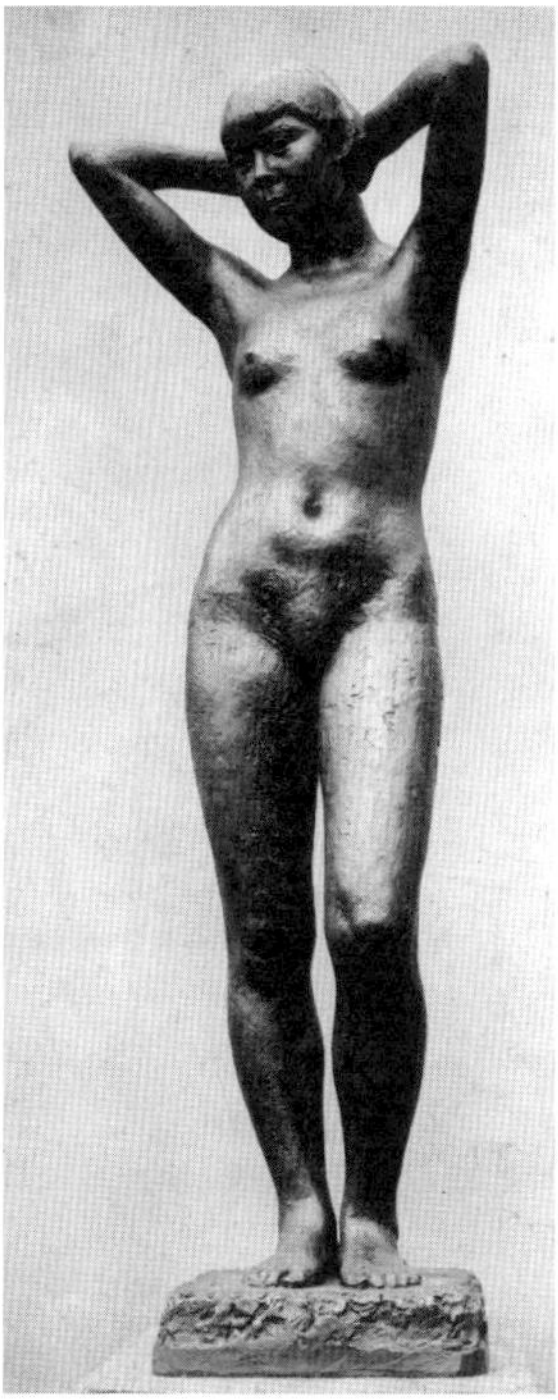

昭和８年無鑑査出品作品
「心の影」

される谷口雅春さんの書かれたパンフレットを読んで豁然《かつぜん》として何か知らぬ自覚を得《う》ると共に病気は一遍に癒《なお》りました。生長の家の教えは総《すべ》ての宗教を総合して一切排斥せず、しかして人間は全く心から成っている者、総て心の支配の下《もと》にあるものというので、その肉体を離れて心のみの世界に入った時総《すべ》ての病気は医薬を待たず自《おのず》から治癒《ちゆ》する、即《すなわ》ち病気というものは本来無《な》いものである、実相の世界に入《い》れば全く無病であるというので私がそのパンフレットを読んでこの自覚を得た後、私の子供乃至《ないし》親戚知合いの人々の病気も私が手を触れ、また手を触れなくともただパンフレットを読んで聞かせただけで病気の全治したものが数名あります。中にリューマチスで身体《からだ》の全く動かなかったものが動き出した者もあります。私はその彫刻を試みる時に一つの信念を有《も》っていましたが、今度の出品は制作に時間が不足して、自分の所期《しょき》を果すことが出来ず甚《はなは》だ相済《あい》まぬわけですが、昨年特選に入り無鑑査で出品を許されているので、ようよう出品が出来たような次第です」云々《うんぬん》。氏が新たに得た宗教的信仰は、恐らく将来の作品の上に大なる影響を齎《もたら》すであろう。因《ちな》みに氏は八日帰京の途《と》に上《のぼ》る。

○

【本来生《しょう》、不滅の神示】

物質の束縛《そくばく》に縛られざるものを人間と言うのである。真の人間は「神の子」であって物質ではなく、肉体ではない。肉体ではないから物質の世界に出入《しゅつにゅう》する事もない。物質の世界に出入することがないから物質の世界より見れば人間は不生《ふしょう》である。不生であるから滅することも亦《また》ないのである。物質界は念に従って生ずる念の映像なるが故《ゆえ》に、従ってまた滅すれども、「人間」は本来物質界に生《しょう》ぜざるを以《も》ってまた滅するという事もない。人間は本来「生《しょう》」である。「滅《めつ》」に対する「生《しょう》」ではなく、本来「生《しょう》」であるから、老《ろう》なく、病《やまい》なく、死なく、破壊がないのである。老とは「生《しょう》」の衰耄《すいもう》をいえども、人間は本来「生《しょう》」であるから衰耄せず老朽しないのである。衰耄は「生《しょう》」

にあらず、人間に非《あら》ず。衰耄《すいもう》なきを「人間」といい、老朽せざるを「人間」という。病なきを「人間」といい、「死」なきを「人間」という。釈迦は「人間」の生老病死の四苦《しく》を見て出家したといえども、釈迦はそのときまだ「人間」を見ていたのではない。念の影を見て「人間」と思い違いしていたに過ぎない。釈迦がこの世を観《み》て無常と観《かん》じたのも「真の人間」の世を観《み》たのではない。それは無明《むみょう》の投影の世を観て無常としたのである。真の人間は無常の中にあらず、肉体の中にあらず、人間は永遠不死、金剛身《こんごうしん》、如来身《にょらいしん》、実相身《じっそうしん》、清浄身《しょうじょうしん》である。人間は神の子なるが故《ゆえ》に本来「浄《じょう》」にして不浄ではない。人間を指して不生不滅不垢《ふく》不浄と言うのは真相ではない。般若《はんにゃ》の思想は無常想《むじょうそう》から実有想《じつうそう》に到る過渡的思想であるから、不生不滅不垢不浄を説きたれどもこれは物質に比喩《ひゆ》しての方便説《ほうべんせつ》である。人間は不生不滅ではなく、本来生《しょう》にして不滅がその実相である。また人間は不垢不浄ではなく真清浄真無垢《しんしょうじょうしんむく》がその実相である。本来生《しょう》、不滅、本来清浄真無垢なる人間の実相を知ったとき汝《なんじ》らは歓《よろこ》びに満たされて手の舞い足の踏む所を知らないであろう。（昭和七年十一月二十五日神示）

――谷口雅春著 新編『生命の實相』第8巻

第四篇　神癒の足跡

服部氏の残した奇蹟的治病等の成果は数限りなくある。それも日本本土だけに限らず、北米、南米、沖縄（編註・昭和四十七年に日本に返還された）等にもその業績は大きい。

目の色がちがい、話す言葉のちがう外国人といえども、同じ法則の支配するこの世界に生きるものであるかぎり、その差別をこえて心は互いに感応し、同じ神癒《しんゆ》も生ずる。海を越えての遠隔思念による神癒《しんゆ》などということも、現実に起っている。宇宙はただ一元の神の顕現《けんげん》であり、光明の思念は空間を超えて自他一体の世界にはたらくことの実証といえよう。

服部氏は昭和三十年に米国へ布教講演に派遣されたが、その時の記録、また昭和三十六年に沖縄に赴いて全島くまなく布教行脚《ふきょうあんぎゃ》したときの記録、さらに、服部氏宅に今も保存されている、氏によって病気等から救われた人々の礼状の数々――等々によって、この真理を、さらに確認したいと思う。

一

昭和三十年二月から八月にかけて六ヵ月にわたり服部氏は米国へ布教に渡った。その間の業蹟について、当時在米の故関口野薔薇《せきぐちのばら》博士の『中外日報』紙への投稿が、同紙に連載された(昭和三十年六月五日〜八日)。以下はその一部である。

東京の生長の家本部から現在、服部仁郎という講師が遣《こ》られて、米国の各地を巡講しつつある。その到るところで、イエス・キリストや弘法大師が嘗《かつ》てなしたような、大奇蹟が演じられつつあるのである。そのうちの只《ただ》一つだけを参考までに此処《ここ》に報道しよう。

筆者の友人のひとりにK・Aという人(石川県生れ)があった。戦前はロスアンゼルスに住み、海外貿易や国内商業に従事していたが、仕事の関係上家に留まることは稀《まれ》で、毎月その半分は他州に行って、宿屋で生活をつづけた。Aさんに美しい奥さんと一人の娘があり、娘の名をM子と呼んだが、幼い時に日本に遣《や》って十二歳のとしまで、祖父母の手に育てて貰《もら》うことにした。

夫は常に家におらず、娘は日本に遣《や》られてその日の生活に淋しさを感じたA氏夫人は、耐えられなくなったのか、我が夫を捨てて他の男子の許に走った。しかしA氏は「自分にも落度はあったのだから」といって、夫人を責めず、一切を赦《ゆる》してやり、自らは生長の家の誌友《しゆう》となり、あとでその道の指導格の人ともなって活動した。

大戦前、娘のM子を日本から呼び戻し、終戦後は格州《コロラド》デンバー市に移り、松田午三郎《うまさぶろう》博士の助手となって生長の家の宣伝に尽瘁《じんすい》した。この当時、娘のM子をIという青年と結婚させ、M子さんは美容師を、Iさんは野菜の仲買を職業として働いた。

一九五〇年の頃、一家は加州《カリフォルニア》のロスアンゼルスに移ったが、A氏も相応の老齢に達したため仕事からは隠退し、専《もっぱ》ら孫娘のお守をしてその日その日を送るようになった。

一九五三年の春、約七十歳を一期《いちご》としてA氏はこの世をさった。それから間もなくM子さんは男の子を産んだ。生れる日が日曜日で、産科の医者は何処《どこ》かに遊びにでも行きたかったものらしく、M子さんを促《うなが》して「早く、早く、産み出しなさい。……ウーンとりきむのですよ」といった。

M子さんがウーンとりきむと、どうやら安全に男の子を出産することは出来たが、その後、M子さん自身が子宮脱出という病気となり、赤い茄子《なす》のような袋がまたぐらに下る身となった。

夫のI氏は毎日仕事に行かねばならぬし、家には二人の子供もいるので、M子さんが美容師をやめたのは勿論《もちろん》、入院して治療を受けることも出来ず、そのまま約二ヵ年が経過したのである。

夫は大そう良い人で、決してM子さんを嫌っていないにしても、M子さんはその夫の愛に報《むく》い得ず婦人として夫に仕えることが不能の不具者となったのである。

筆者がここに断定的にいう権利はないけれども、或はM子さんの母の不徳が形の世界に具象化《ぐしょうか》して、斯《か》くもM子さんを辱《はずか》しめる結果となったのではないかとも考えてみた。

一九五五年(昭和三十年)四月、生長の家の日本からの講師、服部仁郎という方が、ロスアンゼルスで講演する事となった。ところが、M子さんの父のA氏が三晩《みばん》続けてM子さんの夢枕に立ち、「こんどの先生は実に偉い先生だ。M子よ、お前も会に出席して必ず教えを聴けよ」と告げた。

三たびも同じ夢を見たので、M子さんも心に決するところあり、生長の家の講演会場に聴講者の一人として出席した。会場は羅府（編註・ロスアンゼルス）東一街の二四二〇番地で、高いステップを登った階上においてであった。

M子さんは後の席に坐り、服部氏の顔を見詰めつつ聴いていたが、五、六百人もいる会衆の姿は全然見えなくなり、只《ただ》ひとり講師の顔だけが見えて、講師はM子さん一人のためにお話しているもののように感じられるのであった。

涙がとめどもなく流れて出る。嬉しいのか悲しいのか分らなかったが、講演が済んだので、家に帰ろうとステップを降りると、急に全身がラクになったように感じ、M子さんのいいいまたぐらの異変も恢復《かいふく》しているような気がした。

家に帰って便所に入って見ると完全に治癒《ちゆ》している。医師には、「一、二週間も入院して外科手術を受けなければ全快の見込なし」と宣言されたものであるのに、僅《わず》か二時間内外の講演を聴いている間に全癒《ぜんゆ》を遂げたのである。

翌日、早速医院に駈けつけて、ありのままの話をしたら医師は、「そんな馬鹿な話はない。あんたは狐にでも憑《つ》かれているのだろう。それとも夢を見ているのか」と言って笑った。兎《と》も角《かく》、診察室へ連れて行ってM子さんの全身を調べたが、完全に治癒しているので、ここに於《おい》て医師も亦唖然《またあぜん》たらざるを得なかった。

その日から二週ほどを経《へ》て後《のち》、筆者はI家にM子さんをたずねた。M子さんの父のA氏の霊前に香を供えるためであった。筆者はA氏の写真の前で『甘露《かんろ》の法雨《ほうう》』を読誦《とくじゅ》した後、客間に導かれて椅子に坐った。

M子さんは己が娘の子に筆者を紹介して、「此《こ》の方《かた》は、おじいちゃんのお友達の方よ」といった。次に男の子を筆者に紹介し、「此の子はおじいちゃんを知らないのです。父が亡くなったあとで生れた子です」と語を継いだ。

そして急に泣き出し、「関口さん、父は生きています。父は生きています。父は生前、あなたから、いろいろお世話になりましたね。あなたの書かれたものを父はたいていスクラップ・ブックに貼って保存してあります。私も折々それを出して読んでいます」と語った。

「そうです。Aさんは永久に生きています」と筆者は答えた。A氏の霊が今なお生きて子孫を守っていること、また服部仁郎氏の活動の背後に神がいてこれに加勢していること、筆者はそれを信じて疑わないのである。

二

この米国布教旅行の際の他の顕著な体験のいくつかを、『生長の家』誌昭和三十年十一月号所載の「アメリカ土産ばなし」という編集記事の中から要約してここに御紹介しよう。

サンフランシスコでの話。服部氏は最初からここで三日ないし四日間滞在して講演を続ける予定にしていたが、着いてみると、講演は一日でいいという。しかしとにかく、服部氏は十二時半にここに着いて昼食をとるとすぐ、演壇に立って講演をした。するとそれが現地の人々に大きな感銘を与え好評をよんで、すぐその晩にも無料の誌友会を行い、また翌々日に有料の光明講座を続けて開催した。そこへ、一人のリウマチの白人の婦人が連れて来られた。

この婦人はミセス・マイゴットと言ったが、最初服部氏のところに電話をかけて来て、「十ドル払うから病気を治してほしい」という。服部氏は、「十ドルはいらないが、来なさい」と言って来させたのである。

来ると、皆の前でいきなり股《また》のところまでまくりあげて見せ、「この通りです。治して下さい」という。

この婦人は、宗教はカソリックを二十年やっている。この病気はもう四年になり、その間手を合せて祈ったが治らない、という。服部氏はこの白人婦人に言った。

「キリスト教では〝天にまします神よ〟と言うが、どの辺にキリストがいらっしゃると思うか。その〝天にまします神〟というのは、あんたを生かしている生命《いのち》のことなんだ。その生かされていることにあんたは感謝したことがないでしょう？　感謝しなさい。

あんたは病気といえば体が悪い、と思ってるだろうが、決してそうではない。肉体の様子はその人の思い、心の様子が鏡に映った姿のようなものだ。心に悲しみや苦しみを思っている限り、病気は治らない。心を変えれば、肉体も変るんだ」

そうして服部氏はこの婦人に手をあてて思念をした。

すると、今まで腰かけていたこの婦人が、立って歩き出した！「自分は生れてこの方、こんなに気持がよくなったことがない。嬉しい！」といっていきなり服部氏の頬《ほほ》に接吻《せっぷん》した。

翌日、お礼に来たこの白人婦人が言うには、

「私は四年間、夜床で寝たことがない。痛さと苦しみに耐えかねて外で立っていた。それが昨夜はじめて家で寝た」とたいへんな喜びである。服部氏がまもなくここを去らねばならないというと、いきなり板の間に土下座し、「この地を去るな」と言って泣き続けたという。

フレスノという所での話。ここは誌友《しゆう》がいなくなっているというので講演に行かない予定にしていたが、講演があると放送をしているという。そこで予定をかえてそこへ行って、放送をしてくれた記者を訪ね、それから誌友が二人いるというので訪ねて行った。するとその一人の木村という人がちょうど病気で、一時間に何回も下痢《げり》をして、死ぬか生きるかという状態。服部氏がこの人に話をすると、すぐ治ってしまった。治ったのでその人

が夕食を御馳走してくれて、講演会の世話をしてくれた。
服部氏はみずからポスター書き、ポスター貼りまでしてここで講演会を行い、五十人ほど集ったという。

その次の朝はダイネバという所に行った。ここも、年寄り夫婦と熱心な二世の青年誌友がいるだけで、あとは生長の家に関心ある者は誰もいない。そういう所で講演会を開くには、何か奇蹟的なことをして見せなければだめである。この時も八、九歳の喘息《ぜんそく》の子供を連れて来て、思念してあげると非常に気持がよくなった。それを聞いて、個人指導を受けに来る人などがたくさんやってくるようになり、講演会を開くと七、八十人の人が集った。

また、ずっと後の話。ある所で、ひどい舞踏病《ぶとうびょう》の青年が連れて来られた。
聞いてみると、学校も何も出ていないという。話をして、お母さんに通訳してもらっても、何もわからない。困ってどうしようかと思ったが、この青年は服部氏のそばに坐りながらあまりはげしく体を動かしてうるさいので、「ストップ！」と一声するどく声をかけると、それきり動きがピタッと止ってしまった。

トロントでの話。七年間肺病で、ここ二年間寝たきり、身動きもできぬ清水正人という人が「服部先生に一目会ったら死んでもいい」と言っているというので、服部氏は行ってその人の話を聞いてから、

「あんたねえ、人間は病気じゃ死なない。あんたがそんなに七年間肺病してそうやっていても、生きているうちは死なない」と言うと「なるほど、先生のおっしゃる通り、まだ寿命があったからこうして生きている。人間は病気じゃ死なないということがよくわかります」と言って、そのまま手もつかないで起き上って、涙を流して感謝した。

三

以下は、服部氏宅に保存されている、数多くの治病体験等の礼状の一部。

○

合掌　平素御教《みおし》えの御懇切《ごこんせつ》なる御導きにありがたく日々感謝の生活を送らせていただいておりますことを御礼申しあげます。

私は十五年前に結婚いたし、その当時妻の右手の甲に二つ三つイボができましたが、次第にふえて十五年間に二の腕まで大小とりまぜ五十余のイボを数えるほどになり、そのイボも普通のコロコロしたものでなく、扁平《へんぺい》な、見るからに頑固《がんこ》そうなもので、なんとかとろう、とろうといろいろ薬を用いたり、また人に聞いた呪《じゅ》をやってみましたが、どうしてもとれず、親戚の外科医に診《み》てもらいましたが、こんなにあるものを一つ一つ手術するのはたいへんだし、痕《あと》にもなるからといわれ、カンナでもかけて一皮むかなくてはだめかなと冗談を言っておりました。しかし命に別状あるわけでもないと、いつかとることもあきらめて気にもしなくなりましたところ、たまたま服部先生の誌友会で湘南サナトリウムの院長の奥様のイボのとれたお話や「魚《うお》の目《め》」のとれた体験談をうかがいました。帰宅して妻にその話を伝えながら、「そのイボも心が変ればとれるのだよ。本来無いものだから」

と申しましたら、家内もそのまま素直に「そうですね」とスカーッと受け入れましたのでしょうか、その後二、三日たってある日、朝食のときにいつものごとく家内中で合掌感謝の祈りを捧げ終って、フト妻の手に目をやると、妻の合掌している右手の甲が美しくなっているので「オヤ」と思い、左の手だったのかと思いまして、妻に話すと、妻もそのときはじめて気がつき、おどろいたり喜んだりした次第です。十五年間もあるイボが、右か左かわからぬくらいに痕《あと》かたもなく美しく、しかも一つ一つでなく一度に五十いくつかのイボが消え失せているのには、精神的な病気ならともかく、肉眼ではっきり見えていたあの頑固そうなイボも、心が変ればかく消え失せるという尊い御教えをまのあたり体験させていただき、まことにありがたく感謝するとともに、今後のなお一層の精進をお誓いいたします。合掌

昭和二十六年十一月二十六日

東京都板橋区　東条次男

○

（前略）私は今から三年前（一九六二年）に妻の病気（セキでタンをはく病）で先生に遠隔指導のお手紙をいただいた、ブラジルのサントスに住んでいる者でございます。体験をさしあげます、先生も共に喜んで下さい。

さて、妻の病気はセキがひどく黄色のタンをはいて、また夏も冬も、四季朝から晩まで毎日三年間も三十八度の微熱におかされ、足はだるく頭がいたい、不眠症で休むヒマもなく眠ることもなくセキをしてタンをはくばかりで、苦しんでいました。毎月医者の診療が二回や三回でしたが、どんな手段をつくしても悪くなる一方でしたが、先生よりお手紙を頂いたその日から、セキはしてタンははいているが元気になり、不眠もなく元気になりました。セキは完全に消えてはいなかったが、とっても元気になっているから床に横たわることなく、仕事をやり始めても何ともなく、本来人間神の子の実相円満完全が現れていいます。今はカゼ引くこともなく、四十一キロの体重が四十七キロにふえて、健康の日々の生活を感謝で心明るく朗らかに送っています。私の心のもちかたは、すばらしいえらい服部先生の御指導を仰《あお》いでいるから間違いがない、大丈夫と思って、先生を絶対信じて、絶対安心して、早朝四時から午後三時まで、自分の日常生活に与えられた仕事をやって、午後四時より自転車で夜の十一時、十二時ごろまで生長の家の運動を毎日続けておりましたら、いつのまにか、妻は一服の医薬ものまずに死の病床から生きる道を知って立ちあがったのでございます。

これよりずっと前、幼児の便秘症が消えたのも、先生の御本を読ませていただいたおかげ、また今から四年前に貧乏から立ちあがったのも先生の御指導のおかげであり、また今度妻が立ちあがったのも先生の御指導のたまものであります。これ皆、生長の家のみ教えにふれたおかげであると同時に、服部先生のおかげであります。心から御礼申します。ありがとうございます。（後略）

一九六四年十二月三日

ブラジル・サントス市　玉城清光

（前略）服部仁郎先生が大往生なさったとは聖使命紙を拝読して知りました。（中略）聖使命紙にある先生のお写真を眺めながら、三人涙をこぼして泣きました。先生がもっと長い期間この地上におられたら、多くの世の中の人々をお救い下されたのだと思って、思い出してまた泣けるのです。しかし、他界にも使命があられるからと思って、私も思い切っております。

私は先生の遠隔指導で大きな体験がありましたそのあとに、大きな二階建てのキレイな家を買って、現在その家に住んでおります。これ皆、生長の家の御教えと谷口先生のおかげと、服部先生の御指導の大きなたまものと、毎日喜びと感謝で御教えを一人でも多くの方に伝えることをしております。再合掌（一九六六年八月）

玉城清光

○

私は昭和二十七年、娘の病気のため黒田安太郎様奥様のおすすめにより入信させていただきました。その後娘は全快いたしまして嫁入りしました。

昭和三十一年一月、長男が私の反対を押し切って同じ職場の人と結婚いたしました。息子が頼むからやむなく許しました。表面は息子に嫁をもらって幸福な家庭のように見えましたが、時々不調和の状態が現れて、私は一人なげき苦しみました。（申し遅れましたが、私は昭和十五年に主人と死別し、そのとき長女が十二歳、長男が十歳、次男が三歳でした。女一人の生活は容易でなく、いろいろ苦しいことの連続でしたが、幸に子供も私の気持を理解して協力してくれましたので、貧しいながらも子供の成長を楽しみに暮してきました）その都度、高血圧・心臓病・腎臓病などに倒れました。これではいけないと思いなおして真剣に生長の家に精進《しょうじん》しましたが、もう少しというところで行きづまって、また病気で寝ていました。

ちょうどそのとき昭和三十四年三月二十五日、当時の小松島相愛会長黒田安太郎様が、服部先生が御講演においでになるから個人指導を頼んでみてあげましょうとおっしゃって下さいました。先生はさっそく御承知下さいまして、むさくるしい家へわざわざお越し下さいまして、「人間は神の子ですから病気は無いのですよ」と、やさしく背中や胸をなでて下さいました。

私は、こんなありがたいみ教えを知りながら病気なんかして恥ずかしいと申しました。

先生は「少し休みたかったのでしょう」とおっしゃいました。そして私のために白紙に「光明思念生命完全円満　仁郎合掌」とお書き下さいました。

先生がお帰りになったあと、静かにお言葉を味わっているうちに、はっと胸をつかれました。私が悪かった、息子に対し、周囲の人に対して愛が足りなかった、感謝が足りなかった——そう思ったとたんに涙があふれ出ました。そしていつとはなしに眠っていました。何ともいえないよい気持で、何ものかに抱かれて大安心《だいあんじん》の下に神様にまかせ切った気持で朝まで眠りつづけました。

二十六日、目がさめて、神様ありがとうございます、服部先生ありがとうございますと叫びました。息子や嫁に、私が悪かった、心配かけてすみませんとおわびしました。そして人に、物に感謝したとき、すがすがしい気持でいっぱいでした。まず御先祖様に『甘露《かんろ》の法雨《ほうう》』『天使の言葉』を誦《あ》げてお礼を申しました。お部屋を掃除したりお茶碗を洗ったりしましたので、息子たちや近所の人々もびっくりしました。これもみな尊い御教えのお蔭《かげ》と深く感謝申しあげます。（後略）

徳島県小松島市　船城サダエ

○

合掌　ありがとうございます。

先生にはますます御健康のことと存じ、お喜び申しあげます。

その節は私のために有難い光明思念をお送りくださいまして、ありがとうございました。お蔭様にて、心臓も胃腸も、忘れたように全快いたしました。ありがとうございました。あんなにも苦しく、非実在だと思っても、思っても、どうにもならなかったあの苦しみ、それが先生の光明思念をいただき、うれしさ有難さに苦しさを忘れて、床の上に坐して合掌して思念をいただきましたら、不思議、心が急にかるくなり、身も心も浮いてしまったような感じになり、フッと気がついて目をあけてみますと、今までの苦しさは消えてしまっておりました。

その夜は食物も思いきりいただきました。腹痛もなく、膨満《ぼうまん》もなく、心臓の苦しみはもちろんそのままますっかり良くなってしまいました。うれしくて、うれしくて、御先祖様の前に坐してただ合掌して泣きました。

先生、ありがとうございました。まことに病気は無いものだ、ただ不調和な自分の心の影だと知ることができました。

先生、私は無学でございますので、お礼の手紙も思うように書くことができません。せめて先生への御恩がえしと存じ、この身をなげ出して働こうと思いました。どんな小さなことでも、今日前にあることに真心をつくして働こう、我《が》の心を捨てて自然にまかせ、真心をつくして生きようと、まがりなりにも気がつき、一所懸命つとめております。先生ありがとうございました。（後略）

昭和三十二年五月二十七日

宮崎市　坂口フミ子

○

東京・原宿にある生長の家本部会館の光明の円塔正面には服部仁郎氏の制作になる一体の神像《しんぞう》（編註・本書カバー掲載。現在は山梨県八ヶ岳に移設されている）が安置されているが、これを見た生長の家の一信徒から、次のような便りが寄せられている。神癒《しんゆ》の体験ではないが、ここに掲げさせていただこう。このような体験は海外人にも顕《あらわ》れている。

拝啓　昭和三十四年十二月四日御本部会館高塔のもとに安置せられた神像《しんぞう》を拝して感慨無量。それは昭和十三年(今から二十一年前)当時早稲田大隈講堂に於《おい》て谷口先生御講演中、前後二回拝した神姿と全く同一であらせられた事でございます。計らずも竹内先生の御紹介に依《よ》り神像御創作者服部仁郎先生奥様に早速御報告を申し上げ得たことを心から嬉しく存じます。私の光栄これにすぎるものございません。何卒《なにとぞ》今後とも宜《よろ》しく御指導賜りますようお願い申し上げます。本日は誠にありがとうございました。合掌頓首。

横浜市　吉田元之助(会社役員　五八歳)

昭和三十四年十二月四日

服部仁郎先生

○

先生

先日はありがとうございました。

おかげさまで、入院を命ぜられたさしもの腎臓炎も、先生のお話を伺いし日より日ましによくなり、なんとお礼申しあげようもございません。

二十九日には池袋の池田様がいらしてくださいまして、いろいろ真理のお話をしてくださいましたので、なおひとしお大生命のありがたさがわかるようになりました。

五月一日の晩、主人と二人で真理のお話をしておりましたら、煌々《こうこう》と照り輝く五十銭銀貨くらいの球を拝ませていただきました。その光の強さと放射力は、なんとたとえようもございませんでした。おぼろげに真理を解したばかりの私がこんなありがたいことに接するなど、ただただ胸が高なり、そのうれしさは筆に現《あらわ》しようがございません。先生、お察し下さいませ。

先生、も一つ不思議なお話を書かせて下さいませ。

五月十日の朝、神想観《しんそうかん》をしておりますと、いつのまにかスヤスヤと寝入ってしまいました。（中略）夢の中で、一人のお医者さんと三人の助手にかこまれて療治《りょうじ》されました。内科的手術らしいけど、この先生、メスとかなんとか、もろもろの光るような道具を一つもお持ちになりません。私はなんの痛みもなく、笑って治《なお》していただきました。手術が終ったら目がさめました。助手さんの姿はいつのまにか忘れてしまいましたが、お医者さんの姿ははっきりと目の前に浮んでまいります。先生、お笑い下さいますな。その医師たるお方は、姿こそちがえ、まぎれもない服部先生なんでございます。ふしぎ、ふしぎと思っている間に、今までどうしてもとれなかった頭痛が、忘れたように消え失せてしまいました。これはきっと先生が私のために光明思念をお送り下さいましたものと、ありがたくて、ありがたくて、じっとしておられなくなりました。（後略）

昭和十三年五月二十一日

東京・板橋　城間栄子

合掌　日夜光明化運動に御挺身《ごていしん》の御様子、心からお喜び申しあげます。

今度、私の命の恩人なる先生を、わが沖縄にお迎えすることができ、私等夫婦の喜びはなんと申しあげてよいか、まったく筆で言い表しようがございません。

二十三年前、医者から見放された私が、先生の御愛念で一命をとりとめ、現在、家庭ではよき妻、七人のよき母として親しまれ、外部では家庭裁判所の調停委員として、また婦人会、ＰＴＡ、白鳩会、部落会とあらゆる方面で光明化運動をさせていただき、これ全く先生のお蔭様でございます。もしあのとき先生に御縁がなかったならば、今ごろは霊界でウジ虫の如く最低の生活にあえぎ苦しんでいることと思います。世界一の幸福者となっている現在の私たち一家を先生にお目にかける機会を与えられましたことを心から感謝申しあげます。

このたびの先生の御来島には、いまだかつてない信徒の熱情があふれ、「お宿は私宅に」「往復の飛行機賃は私が」「お車はうちの車を御使用ください」などとそれぞれ適当なことを自発的に申し出てくるというすばらしいありさまで、思わず涙がこみあげてまいります。七重、八重の黒潮をへだてたこの南の端の信徒たちから、こんなにもお慕いされている先生の御徳の高さ。こんなお徳の高い先生に直接御指導を受けた私は世界一の幸福者で

ございます。（中略）

先生の沖縄御滞在中は十分なるお世話をさせていただきますことを楽しみにお待ちしております。

昭和三十五年十二月九日

沖縄本島コザ市　城間栄子

○

【信仰生活の神示】

信仰生活とは無用意の生活ではない。すべてに於《お》いて完全に用意されている生活である。およそ信仰生活ほど完全に用意されている生活はない。それは心が完全に用意されているだけではなく、物質にも完全に用意されている生活である。物質は心の影であるから心が完全に用意されているとき物質も必要に応じて完全に与えられているのである。家庭は一つの有機体であるから、良人《おっと》が明日の用意をしないときには妻が明日の用意をするようになる。妻が明日の用意をしないときには良人が明日の用意をする。右の手が利《き》かなくなったら左の手が利くように成るのも同じことだ。それは自然の代償作用でそう成るように計《はか》らいがあるのである。それは有り難い自然の計らいであるから、夫婦互いに感謝するが好い。信仰生活とは明日の用意をしない生活だと思って、明日の用意をする配偶《つれあい》を信仰がないと思って夫婦で争っている信仰深い家庭があれどもみんな誤った信仰である。「明日のことを思い煩《わずら》うな」という意味は「明日の用意をするな」ということではない。信仰生活とは冬が来てから綿入《わたいれ》を縫《ぬ》えというような生活ではない。秋から冬に要《い》る綿入を縫うて置いても、それは「取越《とりこ》し苦労」ではない。心が整えば秋から冬に要るものがちゃんと判《わか》って、自然法爾《ひとりで》にその要る物を用意したくなるのである。自然法爾《ひとりで》というものは外から自然に与えられることばかりではない、内から自然に催《もよお》して来るこころの中《うち》にも自然法爾《ひとりで》がある。心が乱れて病気になったとき心が調《ととの》えばその病気を治すに適当な食物が欲しくなるのも自然法爾《ひとりで》である。野の鳥も卵を産む前に自然に巣を造りたくなる。卵を産む前に巣を造っても小鳥は取越し苦労をしているのではない。「生長の家」の生活は物質に捉《とら》われない生活だといっても物質をきたながる生活ではない。金銭を穢《きたな》いもののように思ってそれを捨《す》てねば気が安まらぬような心も物質に捉われているのである。物質は影であるから綺麗も穢いもない。卵を産む前に小鳥が巣を造りたくなるように自然に用意したくなる時には内からの囁《ささや》きに導かれて好い、心が調えばその心の展開として用意すべきものは適当の時に用意したくなる。すべて用意するものを信仰浅きものと思うな。用意しないで取越し苦労をしている生活もあれば、取越し苦労をしないで自然に用意している生活もある(昭和六年十二月五日神示)

——谷口雅春著 新編『生命の實相』第5巻

第五篇　〝光を伝えよう〟

服部仁郎氏は昭和八年、死んだはずの生命を生長の家に救われてから、この報恩伝道のために、神仏の使命のために、一切を捧げるという決意で立ち上り、それ以来東京・豊島の自邸で毎日、昭和十一年以降は毎週月曜・金曜の二回、雨の日も雪の日も欠かさずその真理を伝えるための「誌友会」(生長の家の月刊誌を購読する同信の友が喜びを語りあい、みがきあう会)が続けられた。ここに集る人々は生命に火を点ぜられる思い、その中に不治と言われた病《やまい》がたちまち消えて立ち上る人も続出して、救われた人の数ははかり知れぬほどである。

これらの人々の有志が、毎年一回「服部先生への感謝会」というのを行って来たが、その人たちが、服部氏亡きあとにも、さらにこの教えを拡大発展させて行こうと、「服部先生のお光を伝える会」というのを行って来た。以下はその会で、昭和四十二年一月二十九日・二月二十六日・三月二十五日・七月一日の四回にわたり、東京都豊島区駒込の内丸正三氏宅で行った服部氏の信仰生活をしのぶ座談会の記録を、一つにまとめたものである。

服部氏の印象

Ａ　昭和十年五月号の『主婦之友』の記事を見まして、本を読んで病気が治《なお》るというのはインチキだろうと思いながら服部先生のお宅に行ってみました。「本を読め」と言われて、これは本売りの商売だなと思い、自分は買わないぞと思いましたが、そのうちにやっぱり買って読んでみたところ、自分の疑いはすべて解決しました。それで、蓄膿症《ちくのうしょう》の人に「だまされたと思ってついて来い」と言って服部先生のところにつれて来ますと、ちょうどそういうときにほかの蓄膿症の人が何人か来ていて、見ている前でみんなスパスパ治ったり、目の見えなかった人がたちまち見えるようになったりしているんです。

Ｂ　私は畳屋《たたみや》ですが、若いころ人にだまされてひねくれ、仕事はないし、肺病三期ということで、千葉の海に三度投身自殺をはかったんです。それでも死にきれなかった。そのとき遠縁の親戚になるＡさんにすすめられて服部先生のところへ行きました。そしたら、「病気なんかない。何でもいいから仕事をしなさい」と言われるんですね。おかしなことを言う人だな、現に自分は病気でこうして苦しんでいるのに――と思いましたが、何回も行ってそれを聞いているうちに、本当に自信が出てきて、一ヵ月くらいで肺病が治ってしまいました。

C　私はひどいノイローゼでした。シャツ一枚着ていられない、心臓はドキドキする、気持は悪い――そういうときに、二世の米人に車に乗せられて毎週服部先生の誌友会に通わせてもらったんです。先生はニコニコしながら「大丈夫ですよ」と言われるだけなのですが、その中に威厳があって、神様のように見えました。非常に高い霊能者という感じでしたね。そうして通っているうちに、いろいろな症状がだんだんと消えてしまいました。

D　服部先生はひじょうな自信をもって、「読んだら治りますよ」とか「それは夢ですよ」とかいう大胆不適《だいたんふてき》な言葉を、短くポツンと言われるんですね。目の前に病人がいるのに「あんた病気はないですよ」なんてよく言えますね、と私は質問したことがあるんです。そしたら「実相を見たときに現象はありません」というお答えでした。それが、ものすごい自信があるんですね。服部先生は、新しい言葉を言われたというようなことはほとんどないんです。『生命《せいめい》の實相《じっそう》』や『甘露《かんろ》の法雨《ほうう》』に書かれているような言葉を言われるんですが、その中から、本当のものを読んでおられるんですね。

谷口先生の本を自分で読んでいても、十何年もたつうちに、こちらがマンネリ化して、時に心境によって訴える力が弱くなってくることがあります。そのときに谷口先生に直接おみちびきねがえませんので、服部先生のお話を聞くと、新しい気持がよみがえってくるんです。先生のお話はいつも生きた火のようなものでした。いろいろな問題をかかえて服部先生のところへ来て悩みを訴え、いつのまにかそれが治《なお》っていながら、帰るとき「治りました」というのを忘れている。先生から「あんた、どうなったんだ」なんて言われて、はじめて思い出している。いろいろな問題と正面からとり組んで解決してもらったり治してもらったりするのでなく、忘れて消えてしまっている人が多かったのじゃないかと思います。私なんかは初めから問題解決をお願いしようという気もなく、空気があるから吸おうというように、ただ先生のところへ行こう、と行ったような気がします。

行けば、いつも生命に新しい火をつけていただくような感じでした。『甘露の法雨』も服部先生の御講義によって火をつけていただいたような気がします。あるとき「服部は生長の家の提灯《ちょうちん》持ちだ」と言った人がありました。「光明思想に提灯持ちが必要か」ということになりますが、私は必要だと思うんです。そして服部先生は『甘露の法雨』にも火をつけてくださる提灯もちだったと思うんです。

谷口先生も、服部先生は霊感の多い先生だと言っておられましたが、言われる言葉は『甘露の法雨』の言葉あるいはそれよりもっと短い言葉で、われわれの頭にはわからなくても、体にピンと来ているんです。

E　そう、「病気はない、肉体はない」というような、ほかで聞いたら「なに、そんなこと言ったって病気はここにあるじゃないか」という気持が起きやすいようなことばが、服部先生のお宅でうかがっているとなんら抵抗なく、ああそうかな、というような気持でスッと受け入れられる。それは、先生のお言葉の中に深い愛が、すばらしい信念がこもっていた、その全人格から出る雰囲気が、大きな力があって、みんなにピンと来たのではないでしょうか。先生のお話には、理屈なしに、スカッと心の底まで沁《し》みとおるものがありました。

C　そういう人もありますが、多くの凡人《ぼんじん》は、そういう先生のひとことで感銘を受けたんじゃないと思います。ひとことで感銘を受けたのは特別の人で、先生のところへ何度も通いつづけて来られた方の多くは、先生の言葉を何回も聞いてそれを自分のものにしようと一所懸命努力をしていたと思うんです。受ける側の波長が先生の波長と合っていないと、ピンと来ない。私なんかも波長が合いませんでした。波長を合わせるには努力しなければなりませんでした。

F　たしかにいろいろの受けとり方があると思います。私ははじめから終りまで、先生はまったく信念の強い方だという印象は持ち通して来ましたが、ニブイものですからなかなかスカッと来ませんでした。先生がやわらかくおっしゃられた言葉が、そのときはわからなくて、何日かたってからその意味らしきものがわかったような気がしてくる。そうすると、また聞きたいなあという気が起きてくる。こういうことの繰返《くりかえ》しでした。先生が強い自信をもって軽く言われた「全託《ぜんたく》しなさい」という言葉、あるいは「無時間、無空間の中の今」というようなことが、今ごろになっておぼろげながらつかめそうな気配が感じられて、今でも先生が生きていらっしゃれば、また行って聞きたいという気がします。

G　私なんかも、いつも同じようなことを聞くようでも、そのたびそのたびに新しく聞くような気がして聞いたものでございましたね。

司会　そうでしょうね。次にまた同じ真理の話を聞くまでに何日かの宗教生活があるわけで、その間こちらも生長しているはずですから、それが結局、宗教生活の精進《しょうじん》であり、努力、求道《ぐどう》になっていたわけですね。

Ｈ　一度にパッとおかげをいただいた人は、その後長続きしていない人が多い。長続きしている人は、時間をかけてだんだんよくなった人が多いようですよ。

Ｃ　私は思うのに、「噛《か》んで含めるように話をする」というのは服部先生のことだと思うんです。というのは、先生の言われた言葉は、どうしても、忘れようたって忘れられないように心の中に植えつけられて行くんです。だから、服部先生のお宅へ伺《うかが》う人は、噛んで含めるような調子でお話をうけたまわることができた、という表現もできるんじゃないかと思いますね。

Ｈ　以前に、とても頑固《がんこ》な人が服部先生のところへ通って来ておりまして、耳がよく聞えない人だったのですが、いつも同じような愚問《ぐもん》を繰返《くりかえ》すんです。それに対して先生はいつも同じことを諄々《じゅんじゅん》とお説きになる。ところがその人は受入《うけい》れないで、ふつうの人なら怒るくらい、しつこく同じことを毎回質問するのです。しかし、先生はけっしていやな顔をなさらないで、いつもていねいにお答えになった。それを聞いていて、ほかの人の病気がどんどん治って行ったんです。

服部先生のお話は、強い自信が背景になっていたと思いますが、昔の野村大佐（編註・生長の家初期の本部講師）のような激しい御指導のしかたとはむしろ対照的で、やさしく諄《じゅん》諄《じゅん》とお説きになりました。「宗教の最終の目的は、感謝を説くんですよ」というような簡単な言葉を、いとも平易な調子で言われていました。私はその御指導を見ていて、われわれの修行も「忍」の一字がなければならぬということを強く感じさせられました。

――ぼくは青年会運動をやっていて、自分が先か他が先か、自分のことと青年会のこととどちらを先にすべきか。自分と世界との関係は――というようなことで悩んでしまったことがあります。そのころ、青年会の全国大会で服部先生がお山の先生といっしょに並んでおられる姿を見て、その服部先生の姿には、青年大会の雰囲気以上のものがある。一触《いっしょく》即発《そくはつ》の危機せまるという世界の情勢の中で、あの先生はいったいどうしてああいう確実な、よい感じの歩《ほ》を運んでおられるのだろう、あの先生の立っておられるところはいったいどういうところなんだろう、とおどろきに似た思いでお慕《した》いしていました。そのうちに

『生長の家三十年史』で、今のお山の家(当初、生長の家本部、谷口先生のお宅)を買われたときの座談会の記事を見ました。そこに、「今」の心境がはたらいたのはここだ、と書かれているのを見て、いよいよ「自分の悩みを解決してくれるのはこの先生しかない」と思いました。

そんなところから、服部先生とは離れられない感じになり、誌友会《しゆうかい》に通いました。服部先生の話は、病気の治《なお》った話ばかりでしたが、その中にみじんも「おかげ信仰」の感じがないんです。そして、いつも同じ話を聞きながら、いつも新鮮に聞えるんです。その中に、自分の本当に求めているものがあるという感じがしました。

F　服部先生の雰囲気について言葉で説明することはひじょうにむずかしいのですが、しいて言えば、いろいろこまかく理屈で説明するという方ではありませんでしたが、強いきびしい信念で私どもに感化を与えられた、ということが言えると思います。そして先生はひじょうに人間の真実に対する洞察力のするどい方だったと思います。たとえば、向きあって話していても、余分のことと、言おうとしている大事なことをえり分けて聞いておられる、という印象を受けて、先生になにか言うときにはつねに自分で話を整理し、重点をえりすぐって話さないといけないというような反省が私には起っていました。そういう面では、先生の人格にはかなりきびしいものがあるという印象をもっていました。

しかし、先生はきびしいだけなのかというと、全然ちがった、まったく人間的な血のかよったあたたかさ、やさしさというものが感じられる面がありました。それは、私も短い期間ではありましたが服部先生のお宅の誌友会に参加しましてから、自分の仕事のこと、家庭のこと、生れた子供の名前のことまで、いそがしい先生に相談してしまうようになりました。そういうことがお話できるような、あたたかい面がたしかにあったわけです。相談をもちかけられると、あれだけ忙しい中で、ひとつとしていいかげんにあしらわれたことはありません。いつもその結果をこちらから報告するまでもなく、「どうなりましたか」と聞かれるほどでした。

こういうことは私のふだん生活している社会には見られないことで、不思議な感じがするほどでした。あの信念と暖かさ、これが信仰生活のあり方なんだろうか、それとも芸術家としての服部先生だけの特別なものなのだろうか、素朴で、純粋で、きびしい面をもちながらも、何でも話のできる、話して受けつけてくれる方という感じでした。

これだけでは尽《つく》せませんが、そういうことが先生の人格的なものの一端として言えると思います。

J　厳然たる先生の態度、頭は切れますし、先生のお話を聞いているとバカでも利口になって行くかと思うほどでした。先生のおっしゃる何でもないような言葉が、ひじょうに含《がん》蓄《ちく》があって、何とも言えない感じでしたね。

〝宗教は行ずること〟

司会　奥様にうかがいたいんですが、誌友会場での先生と、家庭内での先生と、何か人格の相違のようなものをお感じになることはございませんでしたか。誌友会場では別人のように打って変られたというような……。

服部夫人　別に感じていませんけど、はじめは毎晩誌友会をやってましたでしょ。それから仕事が忙しくなって時間が足らなくなったので月曜・金曜としましたのが、戦中、戦後もずっと続いたんですが、その誌友会はもう私のうちの生活の中であるような感じでしたね。月曜・金曜は夕食がすむと袴《はかま》をはいて、七時前には必ず机の前に坐っている、ということで、その時に精神統一の行《ぎょう》ができていたんでしょうね。

司会　彫刻家としての生活と、布教者としての修行と、それに会社の経営者ということもあったわけですね。

夫人　彫刻家で、会社の経営のことなんかなんにも知らないで社長になんかなって、わかるのかしらんと、思いましたよ。日本教文社の前身の光明思想普及会の経営がむずかしくなったときに社長を引受《ひきう》け、そしたらすぐ庭木をうんと会社の敷地に運んで、植木屋に植えさしたんですね。それまでは草ぼうぼうになっていて、そこにガス屋の道具や風呂屋の何かが置いてあったりして、道がほんのわずか、やっと通れるだけになっていた。そこをきれいにして庭木や草花を植えたんですが、社員の人たちは「おもしろい社長さんだ。彫刻家の社長さんだそうだが、新任の挨拶もしないで植木を植えている」と言っているうちに、木が植わり草花が植わって、きれいになった。すると誰いうとなく、「この会社はもう大丈夫だ」ということを社員同士で感じた、ということを後で社員の方から伺《うかが》いました。

j　服部先生のお宅の誌友会は七時に始るんですけれども、皆さん、なかなか七時きっかりにいらっしゃいません。ある日、雨が相当はげしく降っていたときでしたが、私が遅くなったことを気にしながら七時五分すぎくらいに行きましたら、まだ皆さんいらしてなくて、服部先生がお一人でお座敷の机の前に端坐して一所懸命本を読んでいらっしゃいました。たいへんお忙しい中、七時になったらちゃんとお坐りになって、悩みをもっていらっしゃる方のために本を読みながら――その本は『生命《せいめい》の實相《じっそう》』か『生長の家』であったと思いますが――そのお姿は神様のようで、電撃を受けたように感じました。それが、私が三十年近くお伺いした中で、一番強く印象に残っています。

D　赤坂に新しく道場ができました時にも広い道場で十時からお話されるというのに、聴いている人は一人でも二人でも、広いあのお部屋に何百人もの人がいるのと同じようにきちんと坐って話しておられました。現象の世界の人間は五人のこともあれば百人のこともあるけれども、先生はつねに満堂の大衆を相手にして、神様の気持で話しておられたように思いますね。

J　私ね、実は初子《はつこ》さんという女中さんに、日常生活での先生と、誌友会での先生とのちがいを聞き出そうとしたことがありますの。そしたら初子さんが「服部先生は神さまよ」という一言。もうあとは何をか言わんやです。

C　私は、先生が「宗教は、行ずることですよ」「信仰は生活ですよ」と言われた言葉がいちばん印象に残っています。そしてそれは先生が身をもって実践しておられたと思います。

私はまた、生老病死《しょうろうびょうし》ということについて解決を与えてくれるのが本当の宗教であると思っていました。これに徹底してとり組んでくださったのが服部先生です。

F　私は最初、生長の家の本部へ行きましたときに、自民党の人かなんかが来て政治の話をしていたので、ガッカリして帰りました。それから近所に服部先生がいらっしゃるのを聞いて、お伺いするようになったんです。服部先生は「宗教は生活である。生活は、政治を切りはなすことはできない。だから真に宗教を行ずる者は、政治を真剣に考えなくてはならない」ということを教えてくださって、だんだん先生のお話を聞いているうちに、いつのまにか正しい日本の政治のあり方についても、生長の家の説くとおりに考えるようになり、社会党や共産党はいかんと思うようになりました。

K　先生はまた、「歴史の勉強をなさい。歴史の勉強をしないと本当の宗教がわからないよ」ともおっしゃいました。

司会　服部先生が「宗教は生活である」とおっしゃる中には、ひじょうにスケールの大きなものを含んでいたわけですね。

神に全托せよ

H　服部先生はまた、浄瑠璃《じょうるり》の「壺坂霊験記《つぼさかれいげんき》」の沢市《さわいち》とおさとの話ですね、本当に誠をつくして身を投げたときに救われるという話を例にとって、「全托《ぜんたく》」ということをよくお説きになりました。「神様にすべておまかせしなさい」とよくおっしゃいました。

L　私は妻のお産のことで、こういうことがありました。結婚してから知ったんですが、妻は、お母さんが生長の家にはいりたてのころ盲腸をやって、生長の家では病気なしというからほっとけと簡単に考えて放っておいたら、手遅れになって膿が子宮に流れこみ、そして虫様突起《ちゅうようとっき》が腹膜に癒着してしまった。それでだいたい子供ができないような体になっていたんですが、結婚したら、できちゃったんです。そうしてある日帰ってみたら、妻が七転八倒して苦しんでいる。あんまりすごい苦しみようなので、すぐ産婦人科へ行きました。そしたら堕胎《だたい》しなけりゃいけない、そうしないと母子ともあぶないっていうんです。堕胎は胎児を殺すことだから、もういやんなっちゃいまして、服部先生に聞いたら、「霊魂が宿った場合はどうしても必ず生れるから心配はないんだ。しかし霊魂が宿っていない場合もある」というお話でした。堕胎はいけないことだと思うんですが、医者は堕胎しなければ母体もあぶないという。いよいよ痛み止めをして引き出すというとき、私は病院の廊下で神想観《しんそうかん》をしました。そしたら招神歌《かみよびうた》を唱え終ったとき、看護婦が私を呼びに来まして、妻が呼んでいるというので行きましたら、「私はもう、死んでも生きてもいいから、堕胎しない」っていうんです。この一言が救いでした。そのとき私はハッと自信が出ました。「よし、お前がその気なら、もう大丈夫だ」と言って手術を拒否したんです。医者はとんで来て、何度もいろいろ言って、「どうなっても知らないぞ」というんです。それからつれて帰りました。その晩一晩神想観して、服部先生にもお電話して、聖経を誦《あ》げていたら、スパッと音がして、何かがとれた。それきり妻はスッとして楽になってしまった。それが過去の迷いの自壊作用《じかいさよう》で、次に本当に宿るための一つの過程だったんですね。それからすぐまた妊娠して、立派な男の子が生れました。服部先生は、ひとこと「心配ないんだよ、神様にまかせればいいいんだよ」くらいしか言ってくださらないんですが、その中に、最後にはハッと信じられるところに来ているんです。

J　私もお産のことでたいへんありがたい体験をもっています。横位妊娠《おういにんしん》になりまして、手術しないとだめらしいんです。『生命《せいめい》の實相《じっそう》』をなにげなく読んでおりましたら、横位妊娠で七転八倒して苦しんだ状態の書いてあるところにぶっつかりまして、これはたいへんだと、毎日お風呂のあと産婆さんに行って位置を直してもらうんですが、翌日になるとまた横になってしまうんです。そのとき私は、神様に全托《ぜんたく》しようと思いました。神様から与えられた私の寿命がこれまでだったら、死にましょう。苦しむのが私の受けるべき業《ごう》だったら、苦しんで死にましょう——そう思って、全托したんです。

いよいよ陣痛になりましたとき、産婆さんがすぐ病院へ連絡してくださいと言いましたが、私は「その必要はありません。私のいのちは神様におまかせしてありますから。お医者さんも呼んでくれなくて結構です」と言って、主人に「『甘露《かんろ》の法雨《ほうう》』だけは読んでください」といって、自分では霊界へ行く覚悟をしていました。すると産婆さんが来て、「おかしいですね。治っちゃってます」というんです。そうして安産しました。女の子でした。その子は大きくなりまして、今、中学の英語の先生をしております。

こんなふうになったのも「神に全託《ぜんたく》する」に徹したおかげだと思いますね。というのは、服部先生の誌友会《しゆうかい》で、ある人が「今この人に死なれたら、うちは困るんです。先生なんとか治《なお》してください」と先生にお願いしたことがあります。そしたら、「困るというのは、あなたの我《が》の目で困るのであって、神様の目から見たら、霊界へ行くのにいちばんよい時かもしれない。神様におまかせしなさい」とおっしゃいました。私はそれを聞いていて、ああそうだ。この言葉を自分のものにしようと思いました。それから、どんな現象が来てもビクともしない自分になったんです。

C　先生は「ほっときなさい。放しなさい。摑《つか》んでいてはいけない。鉛筆一本でも握っていると、もうほかのものは持てないでしょう。執着から自分を解放しなさい」ということもよくおっしゃいましたね。

服部夫人　Jさんは、子供さんが死ぬかもしれないというときに昼寝をしておられたという話があるでしょう……。
J　子供の一人が肝臓炎になったとき、それも『甘露の法雨』で治しましょうという気があるものですから、なかなかお医者さんに見せなかったんです。いよいようすがおかしくなってから、死亡診断書ももらえないと困るからと思ってお医者さんに見せましたら、どうしてこんなになるまでほっといたんだとおこられまして、いよいよダメかなと思って帰ってきました。もうダメなら、何か好きなものを買ってやろうと、キャラメルなどを買って、きょうだい二人をタクシーに乗せて帰ってきたんですが、下の子は何でも食べるけれども、上の病気の子はキャラメルの箱を持っているだけで、食べないでグッタリしているんです。私はある手相見《てそうみ》に、あんたは可愛いさかりになると子供をみんな亡《な》くすと言われたことがあり、そして最初の子が二誕生《ふた》の一ヵ月前に、次が三誕生《み》の一ヵ月前に死んでいます。今度はこの子が四誕生《よ》の一ヵ月前で、もう死ぬことになっているんだと私はきめてしまいました。いよいよ今夜はお通夜かなあと思い、お通夜なら夜起きていなきゃならないから、今この子といっしょに昼寝しましょうと思って、昼寝をしていたんです。そのうちに枕もとでガサゴソ、ガサゴソ音がするので目をあいたら、死ぬべきはずの子供が、起きてキャラメルを食べているんです。それっきり、治りました。ここまで来なきゃ宗教じゃない。病気や死を恐れるようなことではダメだと思っていましたが、こんなふうに何事も恐れないハラを作っていただいたのは大きな体験でした。

M　私は初めて服部先生の講演を聞いたとき、この先生はひじょうな聖人君子で、死んだ人間をも生きかえらせる力があるのではないかというような印象を受けました。そうして昭和二十八年ごろでしたが、子供が病気になって四十度の高熱を出したときに、服部先生のところへ行きましたら、「生命完全円満」と書いた紙を一枚もらっただけなんです。それで私は、どうしたらよろしいでしょうかと質問しましたら、「いのちは神様にまかせて心配しないことですよ」と言われた。初めはその言葉の意味がなかなかわかりませんでしたが、今私が地方講師になり教化をする立場になって、生きてまいりました。どんな重病人にあっても、私は必ずそういうことを申しあげるんです。「人間がつくったいのちではないんだから、いのちは神さまにまかせ、その本質を信頼して、円満完全だと信じなさい」そういうように申しあげることによって病人が治ったり、いろいろ顕著な効果をあげています。

D　服部先生には特別に、病気を治すことによって生長の家をひろめよう、生長の家をひろめるための手段として病気を治してやろうということで、病気を治すことに特別な関心をもった神様が、御先祖様のほかについておられたという感じがします。聖書にも、キリストがたくさんの病気を治していますね。死んだ人まで起き上らせたり、盲《めくら》の目が開いたり……。病気治しというのは非常に人を引きつけるのにいいので、病気治しによって生長の家をひろめて人々を救済しようというので、神様が、特に病気治しの神様が服部先生を協力者としておられたという感じが、はっきりとします。

服部夫人　生長の家の発祥《はっしょう》当時は、これを多くの人にひろめるには奇蹟が起らなければ人はついて来ませんものね。あの時期に、ああした人が必要で、引っぱり出されたんでしょうね。

光を伝えよう

H　「服部先生は薬師《やくし》如来《にょらい》の再臨《さいりん》だと思った」と言った人がありますが、私も服部先生はスーパーマン的に感じていました。御自身、「私の言葉は医者の薬より効《き》きますよ」とおっしゃったこともありますし、事実、服部先生のお言葉によって病気が治ることくらいはあたりまえのような感じでした。私は、よもやこの先生が病気になられるようなことはないと思っていました。ところがその先生が病気で倒れられたときにはショックを受けましたね。

C　私は最初ひどいノイローゼで苦しんでいたときに、ワラをもつかむ気持で来たわけですが、「大丈夫ですよ」という先生のお言葉でだんだんよくなって来て、そのうちに私の気持は先生に近づきたい、先生に似たいという気持になりました。しかし、あの神様のような先生は、とてもわれわれの及ばない存在だという気持でした。しかし、一回病気をされたので、ああ、先生もやっぱり人間だった、人間ならば、あの境地までは誰でも精進《しょうじん》すれば行けるんだということを感じまして、親近感を覚えたと申しますか、先生は人生の模範《もはん》を示された、信仰は生活だというその生活を全面的に見せていただいた、生きる指針を与えられたというように感じました。

H　私も今は、精進すれば服部先生くらいのところまで行けるんだという希望をもっています。

司会　Hさんが指導されてほかの方の病気が治った体験などがございますか。

H　病気が治ったというようなことはありませんが、私は服部先生が、感謝が第一だ、感謝の中に神があるんだと言われた言葉をいちばん深く感じていますので、その「感謝」ということをずいぶんお話しするんです。それで、あなたから「感謝」ということを聞いて私の気持が変った、という人がたくさんいます。そういうところからだんだん生長の家のことをお伝えするというようにしています。

C　私はノイローゼが治ってきたときに、「あなたは英語ができるんだから、近所の子供さんに英語を教えてあげたらどうですか」と奥さんに言われて、英語の塾を始めました。そこで私が服部先生に言われたことを勉強に応用しました。服部先生はよく、「つかまないで、放しなさい」と言われましたが、私はそれを、「できない」ということをつかんでいる子供を教えることに応用しました。「大丈夫ですよ」と言う言葉をいつも吹込《ふきこ》んでやったんです。そうしたらみんなどんどん成績が上《あが》って、全員都立高校に入学できたという成果をあげました。

N　私は経済的にもひじょうに窮迫《きゅうはく》して、電車賃もないようなときにも、服部先生のお宅の誌友会《しゅうかい》には何をおいても来させていただきました。電車賃がなくて、一時間以上も歩いて帰ったこともたびたびでした。それでも私は本当の真理を自分のものにしたいと思って一所懸命でした。

L　そんなときに、私たちはNさんといっしょに午前四時から近くの神社で神想観を続けたのですが、はじめは相手にしてくれなかった神主さんも、これが五十日休まず続いて、神想観のあとには境内の清掃を欠かさず続けたときに、もう何でも私たちの言う通り聞いて下さって、拝殿の中へも入れて神想観をさせて下さるようになりました。服部先生が御病気で倒れられたのちにも、先生のお光を絶やしてはいけないというので早朝神想観をやったのでした。Nさんも今はたいへんよい状態になっておられます。

O　私は病気というような問題ははじめから何もなくて、服部先生のお宅の誌友会にはよくまいりました。それで、いわゆる特別な体験はないんですが、自分は学校教員なので、いつも服部先生のような力をもちたいものだとうらやましく思い、あのようになりたいという願いをこめて通ったのでした。

この一月に試験を受けて地方講師になり、また自宅で誌友会場を開くようになりまして、もと服部先生のところへ通っていた同志の人たちも五、六人みえますが、こういうふうになる気持を植えつけて下さったのは服部先生です。

E　私は服部先生によって生長の家に対する心の眼を開かせていただいた、という印象をもっています。そして家内のイボがとれた体験（編註・一三九頁参照）から自信を得まして、板橋から昭島に移りましてからも自宅で誌友会を開いておりまして、私の話によっても病気が治ったりする体験が発生しています。

○

【報恩行《ほうおんぎょう》に就《つ》いての神示】

『生命《せいめい》の實相《じっそう》』を読んで自分だけが真理を悟ってそれで善いと思うものはまだ生命の実相を悟ったものではない。真理は自他一体のものであるから、ひとに伝えるとき、其処《そこ》に「結び」の力が発現《はつげん》するのである。「結び」は愛の力、慈悲の力、神の力、仏の力である。之《これ》を日本古道《にっぽんこどう》ではムスビ（産霊《むすび》）と言い、ムスビによって醸生《かみ》（神）

の力、即ち生々化育《せいせいかいく》の力が発現して来るのである。だから『生命の實相』に書いてある通りのことを病人に愛の心で話してあげれば、ただ話をするだけで病気が治るのである。話が下手《へた》なら『生命の實相』の中の「光明の真理」のところを、本の由来《ゆらい》を話してから読んで聞かせてもよい。神の道では「結び」の反対「切る」ことを最も厭《きら》うのである。怒ったり、審判《さば》いたりするのは心で切るから善くない。離縁、背信、忘恩、不忠、叛逆等《はんぎゃくとう》がすべて善くないのは人と人との間を切るからである。「神」は「道」であると云《い》うのも、「道」と云《い》うものは離れているものを結び合わす働きばかりあるから「道」即ち神である。結び合わす働きがなくて、審判《さば》く働きばかりあるものはどんな善人でも神に遠い。一人の男子が縁あって一人の女性と結ばれたならば再び離れるのは「道」ではない、それを円《まる》く結んでやるのが道である。神の道を知り「生命の実相《せいめいのじっそう》」を知ると云《い》うことも、其《そ》の道びきになる人々の間には深い因《いん》縁《ねん》があることであるから、橋掛《はしかけ》になった人の恩を忘れてはならぬ。自分はもう神と直取引《じきとりひき》が出来るから、橋掛になった人の恩は忘れてもよいと思うような人は、自分はもう神を知ったから神に背《そむ》いてもよいと云《い》うのと同じく不合理である。「生長の家」

を知らしてくれる人は其《そ》の人にとって天《てん》の使《つかい》であるから、何時《いつ》までも恩を忘れてはならぬ。日本人は忠孝一貫《ちゅうこういっかん》恩を忘れぬ国民であるから強いのである。（昭和七年二月四日神示）

――谷口雅春著『生命の實相』大聖典（神示篇）

[服部仁郎氏略年譜]

明治 28 年	徳島県に生る
大正 2 年	単身上京、森鳳声師に弟子入り(19 歳)
〃 7 年	帰郷、瓦焼きをして学資を蓄える(24 歳)
〃 9 年	再び上京、美校(上野の美術学校、現在の芸大)に入る(26 歳)
〃 12 年	帝展(現在の日展)初出品初入選，特選候補となる(29 歳)
〃 13 年	結婚(30 歳)
〃 15 年	美校卒業、研究科に入る(32 歳)
昭和 3 年	美校研究科を卒える(34 歳)
〃 7 年	帝展特選に入る(38 歳)
〃 8 年	帝展無鑑査出品制作中病に倒れ、絶望視されて遺言を書いたが生長の家に触れて奇蹟的に再起(39 歳)
	裸婦像「心の影」出品
	神戸に谷口先生を訪ねる
	豊島の自邸で誌友会を開始、以後昭和 39 年 8 月まで継続
〃 9 年	谷口先生御一家を東京へ迎える(40 歳)
〃 10 年	『主婦之友』5 月号に「奇蹟的な精神療法の真相を探る」と題して生長の家の探訪記事載る(41 歳)
〃 11 年	株式会社光明思想普及会社長(42 歳)
〃 26 年	生長の家本部理事(57 歳)
〃 27 年	合資会社光明社(印刷)社長(58 歳)
〃 30 年	6 ヵ月にわたり米国へ布教のため派遣さる(61 歳)
〃 32 年	生長の家本部神癒祈願部長(63 歳)
〃 35 年	日展審査員となる(66 歳)
〃 36 年	1 月、沖縄巡講で大きな成果をあげる。9 月、脳溢血。11 月、恢復して生長の家秋季式典に出席(67 歳)
〃 39 年	神奈川県茅ヶ崎市に移って静養(70 歳)
〃 41 年	7 月 25 日、茅ヶ崎の自邸で永眠(72 歳)

※ 本名は仁三郎。「仁郎」は彫刻家としての雅号だが、生長の家でも「仁郎」の名を用いられた。

新版《しんぱん》　今《いま》を生《い》きる

―服部仁郎氏《はっとりにろうし》と生長《せいちょう》の家《いえ》―

初版発行 ―― 平成30年4月25日

編著者 ―― **中島 省治**

発行者 ―― 白水春人

発行所 ―― 株式会社光明思想社
〒103-0004
東京都中央区東日本橋2-27-9　初音森ビル10F
TEL 03-5829-6581　Fax 03-5829-6582
郵便振替 00120-6-503028

装　幀 ―― 久保和正

本文組版 ―― メディア・コパン

印刷・製本 ―― 株式会社ダイトー

ISBN978-4-904414-76-7